기록관리의 전략계획
Strategic Planning for Records and Archives Services

서혜란 역 | 한국국가기록연구원 감수

진리탐구

발간사

지금으로부터 6년 전 한국국가기록연구원이 출범하였다. 지난 시간을 회고해보면 아쉬움도 있고 또 앞으로 해야 할 일도 산적해 있다. 그러나 한편으로는 나름대로의 뿌듯함을 느끼기도 한다. 시민기록문화전, 기록문화 시민강좌 개설, 심포지엄, 기록문화상 제정, 한국기록학회 조직, 월례발표회, 한국기록관리학교육원 개원 등등, 모두가 우리의 기록문화 발전에 초석이 될 것임은 분명하다.

연구원의 출범과도 무관치 않지만 우리의 기록문화에 또 하나의 이정표라고 할 수 있는 것은 기록물관리법령의 제정이다. 법령의 제정으로 이제 우리도 근대적 기록관리체제에 들어갔다고 말할 수 있게 되었다. 그러나 법령의 제정이 바로 실시로 이어지지는 않는다. 죽어 있는 법령이 얼마나 많은가. 새로운 법령이 제정되면 이에는 크고 작은 '저항과 편승'이 있기 마련이다. 새로운 기록관리법령에 대한 '저항'은 현재 법령상 존재해야할 자료관의 설치 실태만을 보아도 잘 알 수 있다. 새로운 법령에는 공공기록물은 전문가(기록물관리전문요원, 아키비스트)가 관리하게 되어 있고 이들 전문가의 자격 요건도 규정되어 있다. 이에 몇 년도 안된 사이에 많은 대학에서 기록관리학 대학원과정이 신설되었다. 물론 모두가 기록관리분야 전반을 위해서는 발전적인 변화이다. 그러나 그 내실을 보면, 즉 교수, 교재, 참고도서, 실습실 등의 면에서 보면 부실하기 짝이 없는 경우도 있다. 이는 새로운 법령에 대한 '편승'이라고 할 수 있다.

그러나 '저항과 편승'을 탓하고만 있을 수는 없다. 사실 '저항과 편승'의 가장 큰 원인은 기록관리에 대한 이해의 부족일 것이다. 이를 위해 연구원은 과감히 ICA 총서시리즈를 번역하기로 결정하였다. 단순한 번역은 아니다. 권수로도 30권이 넘는다. 양도 양이거니와 여러 사람이 나누어 번역할 수밖에 없기에 통일성을 기하기가 무척 어려우리라 예상된다. 그럼에도 불구하고 한국 기록관리학의 기초를 놓는다는 심정으로 번역을 시작하였다.

본 총서시리즈는 국제기록관리재단(International Records Management Trust)과 ICA에서 공동으로 추진한 결과물로, 국제적으로 널리 이용될 수 있는 최선의 기록관리 업무 방식 도출을 목적으로 하였다. 또한 기록관리 전문가 외에도 체계적으로 기록학에 접근하지 못했던 사람들에게 학습모듈을 제공하려는 의도에서 만들어졌다. 이 때문에 기록관리시스템이 불충분하거나 적절한 기록관리 교재와 교육인프라가 결핍된 국가에게는 유용한 교재가 될 것이다.

　기록관리 분야의 실무와 학문이 발전일로에 있는 우리 나라에서도 이 교재의 보급이 시급함은 물론이다. 앞으로 이 학습교재가 공공부문의 기록관리전문가를 위해서 뿐만 아니라 민간부문에서도, 그리고 아키비스트의 업무능력과 전문성을 높이는 데에서도 널리 활용되기를 바란다.

　본인은 2000년 9월, 연구원을 대표하여 스페인 세빌리아에서 개최된 ICA총회에 참석하였다. 회의 규모의 크기에도 놀랐지만 개최국의 선진적 기록관리 및 보존에도 놀랐다. 아시아에서는 유일하게 1996년 중국의 북경에서 개최되었다고 하니 중국의 문화적 깊이를 보여주는 듯하다. 한국의 서울에서 ICA총회가 열릴 기록관리 선진국을 기대하며, 본 역서가 그런 기대에 일조하기를 바라마지 않는다.

　본 역서를 내면서 감사드려야 할 분들이 있다. 먼저 한국국가기록연구원의 참뜻을 이해하여 저작권에 대한 비용을 과감히 포기해준 ICA 관계자 여러분들에게 감사의 뜻을 표하고자 한다. 또 상업성을 떠나 선뜻 출판을 맡아주신 진리탐구의 조현수 사장님 및 편집부 일동에게 진심으로 감사드린다. 마지막으로 그다지 좋지 못한 조건에도 불구하고 번역을 흔쾌히 맡아주신 번역자 여러분들에게 깊은 감사를 드린다.

김학준(한국국가기록연구원 원장)

역자 서문

이 책은 기록관리기관의 운영과 관련해서 특히 기획 문제를 다루되 상당히 실무적으로 접근하고 있다. 이러한 이 책의 특성으로 인해서, 실제로 기록관리기관의 현장에서 관리자로서의 경험을 갖고 있지 않은 독자들에게는 이 책의 내용이 다소 생경하게 다가올 수도 있었을 것이다. 그렇지만 이 책 저자들의 풍부한 실천적 경험이 녹아있는 쉬운 서술로 인해 그런 위험성은 상당 부분 줄어든 것으로 보인다. 오히려 이 책의 저자들도 권고하고 있는 것처럼, 가상의 기록관리기관을 상정하고 주변에 관리자로서의 실무 경험을 갖고 있는 분들을 일종의 멘토(mantor)로 삼아서 학습에 임한다면 딱딱하고 어려울 수 있는 주제를 보다 현실적인 관점에서 접근하기가 쉬울 것이다. 다른 한편으로, 기획 문제에 대한 이론적 기초를 쌓을 기회가 없었던 독자들에게는 이 책을 읽기에 앞서서, 아니면 이 책을 읽으면서 동시에 경영학이나 행정학 분야의 관련 이론서를 정독하기를 권한다. 실무적 서술이 강조되다보니 이론적 설명이 많이 생략되어 있기 때문이다.

역자는 이 책을 번역하면서 기록관리자뿐만 아니라 일반 행정가와 정책결정자들이 모두 읽었으면 좋겠다는 생각을 많이 했다. 특히 제4과에서는 역자가 평소 행정가들에게 하고 싶은 말들이 마치 대변자라도 되는 것처럼 잘 서술되어 있다. 이런 역자의 바람이 이루어져서 그들이 기록관리에 대한 올바른 인식과 이해를 갖게 되기를 바란다.

기록물관리법이 제정되고 기록관리 문제에 대한 재조명이 이루어지기 시작한지가 벌써 수년이 흘렀다. 그러나 우리나라에서는 아직도 제 기능을 하는 기록관리기관을 아무리 헤아려봐도 손가락이 남을 정도이다. 하루 빨리 자료관과 기록관이 많이 생겨서 그곳에서 봉사하는 전문가들이 유능한 관리자로서의 역량을 발휘하게 되기를 기대해 본다.

2004년 2월 28일

서 혜 란

차례

들어가기 『기록관리의 전략계획』 소개　　　　　　　　9

제1과　관리와 변동　　　　　　　　　　　　　　15

제2과　전략계획　　　　　　　　　　　　　　　　37

제3과　프로젝트 기획과 관리　　　　　　　　　　61

제4과　기록관리 업무의 홍보　　　　　　　　　　83

제5과　다음은 무엇을 할 것인가?　　　　　　　　119

색인　　　　　　　　　　　　　　　　　　　　　130

표

1. 변동에 대한 접근 모델	20
2. 국가기록관리기관의 비전, 목적과 목표	24
3. 실행계획서	26
4. 문서과 확장을 위한 프로젝트계획서	27
5. 관리기법	29
6. 율도국 전략계획의 예	51
7. 업무계획의 사례 발췌	54
8. 영구기록보존소 건축과 입주를 위한 간트 도표	73

들어가기

『기록관리의 전략계획』 소개

『기록관리의 전략계획』(Strategic Planning for Records and Archives Services)은 기록(records) 및 영구기록(archives) 분야에 종사하는 관리자들에게 기록관리시스템과 기록관리 업무에 영향을 주는 행정관리상의 제반 문제를 소개한 입문서 시리즈 중의 하나이다. 모두 세 모듈로 구성된 이 시리즈의 나머지 모듈은『기록관리 인프라 개발』(Developing the Infrastructure for Records and Archives Services)과『기록관리의 인적·물적자원』(Managing Resources for Records and Archives Service)이다. 이 모듈에 앞서서『기록관리 인프라 개발』을 먼저 학습하고, 이 모듈을 끝낸 후『기록관리의 인적·물적자원』을 학습할 것을 권한다.

이 모듈에서 제기된 문제들 중 일부는『업무시스템분석』(Analysing Business Systems)에서도 다루어지고 있다.

이 모듈들은 이론적이기보다는 실무적인 것이다. 여기서 주장된 여러 가지 기법과 접근방법을 뒷받침하는 이론과 철학은 일반적으로 쉽게 구할 수 있는 광범위한 관리 관련 문헌에서 보다 더 상세하게 다루어지고 있다. 이 모듈에서는 기록관리 업무를 효과적으로 수행하기 위해 필요한 자원의 효율적이고 경제적인 관리라는 최종 목표의 달성을 위한 실천적 틀을 제공하는 것에 초점을 맞춘다.

이 시리즈를 구성하는 모듈들은 주로 공공부문에서의 기록관리 업무의 관리에 대해 다루고 있지만, 여기서 사용하는 용어들 대부분은 관리 문제에 대한 연구를 먼저 시작한 민간부문에서 취하고 있다. 따라서 이 시리즈에서 사용되는 주요 용어에 대한 정의를 재확인하는 것으로 이 모듈을 시작하는 것이 중요하다.

사명(Mission) : 조직이 존재하는 목적

업무(Business) : 사명을 완수하기 위한 조직의 핵심 기능

처리과정(Process) : 조직이 그 업무를 수행하는 방법

투입(Input) : 처리과정이 작동하는데 필요한 자원. 처리과정을 통하여 투입은 하나 이상의 산출로 변환된다.

산출(Output) : 투입이 처리과정에 의해 변환된 결과

고객(Customer) : 처리과정의 산출을 필요로 하거나, 이용하거나, 또는 그 산출에서 편익을 얻는 사람

따라서 국가기록물관리기관(National Records and Archives Institution)의 **사명**은 공공부문 기록의 효과적인 생애주기 관리(life-cycle management)이며, **업무**는 그 사명을 완수하기 위해 필요한 여러 가지 기능을 수행하는 것이다. 그 업무를 지원하는 **처리과정** 가운데 하나는 적절한 기록관리 관련 법률을 입법하는 것이다. 그 처리과정에 대한 **투입**에는 관련된 현행 법률, 주변 국가들의 법률에 관한 정보, 기록관리전문직(records and archives professionals)및 법률가의 전문지식, 그리고 입법에 필요한 시간이 포함된다. **산출**에는 국가기록법(National Records and Archives Act) 및 그 법의 집행에 필요한 규정들이 포함된다. 그러한 산출로부터 편익을 얻는 고객에는 정부기관과 국가기록물관리기관, 그리고 일반 국민들이 포함된다.

이 시리즈에 속하는 모듈들 전반에 걸쳐 사용되는 그 밖의 주요 용어로는 효율성, 경제성, 유효성 및 비용효과성이 있다.

유효성(Effectiveness) : 특정한 산출을 생산해내는 처리과정의 능력의 척도

효율성(Efficiency) : 동일한 투입으로부터 더 많은 산출을 생산해내는 처리과정의 능력의 척도

경제성(Economy) : 감소된 투입으로부터 동일한 산출을 생산해내는 처리과정의 능력의 척도

비용효과성(Cost-effectiveness) : 효율성, 경제성, 유효성간의 최적의 균형. 비용에 대한 가치(value for money)라고도 한다.

공공부문 기록관리 교육프로그램(MPSR)의 핵심 모듈들은 생애주기 전반에 걸친 기록관리의 전문적 측면에 대한 지침을 제공하고 있다. 이 모듈은 관리자들로 하여금 필수적인 기록

관리 업무 수행을 위한 규범적 틀을 확립하고 유지하는데 필요한 추가적 지식과 기술을 갖추도록 하는데 중점을 둔다. 관리자가 아닌 사람들도 이 모듈을 공부하게 될 터인데, 그들은 이 모듈의 사례와 연습문제가 관리상 필요에 초점을 맞추어 설계된 것임을 깨닫게 될 것이다. 자기 자신이 관리직에 있지 않다면 그들은 여기에 소개된 개념들을 검토하기 위해서 관리자인 동료들과 이야기 하거나 가상의 상황을 만드는 것이 좋겠다.

이 세 모듈에서 '관리자'(manager)라는 용어는 다양한 관리상 결정을 내릴 책임을 가진 사람들을 지칭해서 사용된다. 이 모듈을 공부하는 사람들 중 많은 이들이 실제로는 '관리자'가 아닐 것이다. 그러나 그(녀)가 조직 구조 상 어떤 위치에 있건 여기서 제공된 정보는 유용할 것이다. 따라서 이 세 개의 관리모듈을 학습하는 동안은 자신의 기관 내 실제 지위에 상관없이 스스로를 '관리자'라고 생각하고 관리 문제를 깊이 있고 폭넓게 생각해보기를 권고한다.

이 모듈들은 공공부문의 문제를 다루며 주로 중앙정부의 활동에 대해서 언급한다. 다른 부문에 종사하는 사람들은 여기에서 제공된 정보를 자신이 속한 조직 및 시스템과 관련지어서 생각해야 할 것이다.

『기록관리의 전략계획』은 다섯 과로 구성되어 있다.
  제1과 : 관리와 변동
  제2과 : 전략계획
  제3과 : 프로젝트 기획과 관리
  제4과 : 기록관리 업무의 홍보
  제5과 : 다음은 무엇을 할 것인가?

목표 및 성과

학습목표

이 모듈은 다섯 가지 기본 목표를 가지고 있다.

1. 기록관리전문직들에게 변동관리의 핵심 이슈를 소개한다.
2. 전략계획의 원칙과 실제를 개관한다.
3. 프로젝트관리의 원칙과 실제를 개관한다.
4. 기록관리 업무 홍보의 원칙과 실제를 개관한다.
5. 관리 문제에 관한 추가 정보원을 소개한다.

학습효과

이 모듈의 학습을 완료하면, 다음과 같은 지식을 배양할 수 있다.
1. 자신이 고용되어 있는 기록관리시스템이 어떤 중요한 관리문제에 당면하고 있는지 알 아낼 수 있다.
2. 자신이 속한 기록관리기관을 변동시킬 수 있는 전략계획을 마련할 수 있다.
3. 자신이 속한 기록관리시스템 내에서 프로젝트 관리를 수행할 수 있다.
4. 고위관리자에게 효과적인 기록관리시스템의 편익을 어떻게 설득할지 알 수 있다.
5. 관리 문제에 관한 보다 풍부한 정보원을 얻을 수 있다.

학습방식

다섯 과로 이루어진 이 모듈을 공부하는 데는 약 50시간이 걸린다. 대략,
  제1과에 10시간
  제2과에 10시간
  제3과에 10시간
  제4과에 15시간
  제5과에 5시간을 배당하면 될 것이다.

여기에는 본문을 읽고 연습문제와 학습문제를 해결하는데 소요되는 시간이 포함된다.

각 과마다 마지막에는 주요 사항을 요약해 두었다. 제5과에서는 보충자료의 출처를 제시하고 있다.

각 과마다, 제시된 정보에 대해 생각해 보는데 도움을 줄 연습문제가 포함되어 있다. 연습은 모두 '자기평가'를 위한 것이며, '정답'이나 '오답'은 없다. 그보다 연습은 제시된 개념들을 탐구하고 그것을 자신이 학습 또는 근무하는 환경에 연관시켜보도록 설계되었다. 만약 기록관리기관에 현직을 둔 자가 아니라면, 가급적 가상 상황을 설정하여 연습에서 제시한 문제를 수행하도록 해야 한다. 연습에서 무엇에 대해 쓰라고 하는 경우에는 요점을 간략하게 기술한다. 연습은 점수나 등급을 매기는 것이 아니므로 자신이 배운 정보를 이해하는데 필요하다고 여겨지는 만큼만의 시간을 투자하면 된다. 스스로 자체 평가를 하는데 도움이 되도록 각 과의 말미에는 연습에 대한 조언을 수록했다.

각 과의 끝 부분에 있는 요약 다음에는 자습용 학습문제들이 제시되어 있다. 이 자습용 학습문제들은 이 모듈에 나오는 자료를 복습하는데 도움이 되도록 만들어졌음을 유념하라. 등급이나 점수를 매기려는 것이 아니다. 제시된 개념을 이해하는데 도움이 된다고 여겨지는 문제들에 대해 대답하도록 한다. 이 모듈이 평점을 매기는 교육프로그램의 일부로 포함되어 있는 경우에는 과제나 시험 같은 외부적인 평가가 별도로 추가될 것이다.

보충자료

이 모듈은 당신이 문서과(records office), 자료관(records centre) 또는 기록관리기관(archival institution)을 이용할 수 있거나 기록관리에 관여하고 있음을 전제로 하고 있다. 자신의 경험을 각 과에서 제시한 정보와 비교하라고 하는 연습문제들이 많을 것이다. 만일 자신이 속한 조직 내에서 기록이나 영구기록 시설을 이용할 수 없다면, 연습용으로 가상의 시나리오를 만들어내면 좋을 것이다. 반드시 고위관리직에 있어야만 이 모듈에서 제시한 연습을 수행할 수 있는 것은 아니지만, 조직의 계획 수립에 관여하고 있는 친구나 동료와 함께 이 모듈에 제시된 원칙과 개념들을 토론하고 그에 대해 서로 어떻게 이해했는지를 비교해 보면 좋을 것이다.

사례연구

다음 사례연구들이 유용한 보충정보를 제공해줄 것이다.

10 : Chris Seifried, Canada, 'Management Decision Making and Teamwork Case Study'

28 : Ann Pederson, Australia, 'Management Case Study : Revising the Record-keeping Programme for the Widget Manufacturing Company'

29 : Ann Pederson, Australia. 'Advocacy/Marketing for Record Keeping : A Case Study'

제1과

관리와 변동

제1과의 목적은 관리자들에게 기록이 연속체적 관리(continuum of care)의 원칙에 따라 관리되도록 보장하면서 기록관리에 대한 생애주기 접근법(life-cycle approach)을 개발하고 실천하기 위한 기초를 제공하는 것이다. 이 학습프로그램의 핵심 모듈들에서 주장하고 있는 생애주기 접근법은 기록관리(records management)와 영구기록관리(archival administration) 간의 전통적인 이분법적 구분을 깨뜨리는 것이다. 좀더 구체적으로 말하면, 제1과의 의도는 관리책임을 가진 기록관리자(이하 '관리자'라고 지칭함)의 마음속에 기록관리시스템과 기록관리 업무 분야의 현행 관리 관행과 절차에 대한 의문을 불러일으킴으로써 이 분야에 변동을 가져오고 변동관리를 하도록 하는 것이다.

제1과에서는 몇 가지 일반적인 관리상 문제들을 다루게 될 것이다. 이는 관리자들로 하여금 요구되는 변동에 대응하고 제2과부터 다루어지는 구체적인 관리 관행과 기법들에 관한 논의에 대비할 수 있게 하는데 도움이 될 것이다. 이러한 관리상 문제들이 발생하는 구체적인 방식과 그것을 어떻게 다루어야 할지는 기록관리의 발전 단계, 관리 환경과 자원의 이용 가능성 같은 각 지역의 상황에 따라 다를 것이다. 따라서 이 모듈은 관리자들에게 효과적이고 효율적이며 경제적인 기록관리시스템과 기록관리 업무를 도입하고 유지할 수 있는 방법을 생각하도록 아이디어를 제공하고 자극을 주는 일련의 '맛보기'라고 보아야 할 것이다.

제1과에서는 다음과 같은 주제들을 집중적으로 논의할 것이다.

- 왜 무엇인가를 변동시킬 필요가 있는가?
- 왜 현재 시점에서 변동이 고려되는가?
- 어떻게 변동이 일어나게 되는가?

1. 왜 변동이 필요한가?

　　Christopher Robin의 뒤를 따라서 Edward Bear가 뒷머리를 쿵쿵쿵 부딪치면서 계단을 내려오고 있다. 그가 알고 있는 한 그것이 계단을 내려올 수 있는 유일한 방법이긴 하지만, 때때로 그는 자신이 잠시만 쿵쿵 부딪치기를 멈추고 생각해볼 수만 있다면 정말로 다른 방법이 있을 것이라고 느낀다.

AA Milne, Winnie the Pooh

　　위의 인용문은 다소 소설적인 방식으로 이 모듈이 가진 저변의 목적을 설명하고 있다. 관리자와 직원들은 '이 일을 하는 더 좋은 방법이 있겠지만, 그것에 관해서 생각할 시간이 없어'라고 얼마나 자주 생각하곤 하는가! 우리들 대부분에게 최우선순위는 직무를 수행하고 임무를 완수하는 일이다. 제1과를 비롯해서 본 모듈 전체는 관리자들이 계획된 변동과정에 의해 기존의 관행과 접근법을 개선하는데 도움을 주려는 것을 목적으로 한다. 다시 말해서 '부딪치기'를 끝내고 '생각하기'를 하도록 하는 것이다.

　　새로운 또는 개선된 기록관리시스템과 기록관리 업무를 효과적이고 효율적으로 도입하는 일은 미래의 기록관리시스템과 기록관리 업무가 어떤 모습이 될 것인가에 대한 분명한 예측에 바탕을 두고 계획된 변동과정의 일부를 형성해야 한다. 그렇지만 출발점은 왜 변동이 고려되는가를 명확히 하는 것이 되어야 한다.

> *계획된 변동은 기록관리시스템의 운영을 극적으로 개선시킬 수 있다.*

2. 왜 변동이 고려되는가?

　　관리자는 다음과 같은 질문을 생각해 봄으로써 그(녀)의 조직에서 왜 변동이 고려되는가에 대해서 보다 분명하게 알 수 있다.

- 문제가 되는 부분은 무엇인가?
- 제약과 기회는 무엇인가?
- 어떤 요소들이 변동과정에 영향을 미치는가?

문제가 되는 부분

조직 내에서 주로 문제가 되는 부분은 다음과 같을 것이다.

- 자신이 달성하려고 하는 바에 대한 관리자와 직원들의 정확한 인식 부족 (즉, 명확하고 합의된 목적과 목표의 부재)
- 비효율적이고 비효과적인 업무관행
- 부적절한 조직구조
- 인적 자원, 재정 자원 및 물적 자원의 부적절한 또는 잘못된 관리

예를 들어서, 기존의 기록등록소(registry)가 정리되어 있지 않고 제대로 된 인력을 확보하고 있지 못하다고 하자. 그 결과 기록시스템이 작동하지 않아서 파일을 쉽게 찾을 수 없거나 또는 아예 찾을 수 없게 되고, 정보를 이용할 수 없으며, 그로 인해서 정부 전체가 노력의 중복과 잘못된 의사결정을 면하기 어려울 것이다. 위에서 지적한 문제가 되는 부분들이 모두 여기에 보이며, 기존의 기록등록소가 새로운 문서과로 바뀌기에 앞서서 각각을 검토하고 공략할 필요가 있다.

[연습 1]

자신이 속한 기관에서 반드시 변동되어야 한다고 생각되는 문제점 두 가지를 생각해 낼 수 있는가? 각 문제점에 대해서 간략하게 기술하고 왜 변동이 이루어져야 한다고 생각하는지를 지적하라.

제약과 기회

변동과정에 적용되는 제약에는 다음과 같은 것들이 있을 것이다.

- 자원의 이용가능성
- 변동에 대한 태도
- 시점의 적절성

변동과정으로 인해서 생기는 기회에는 다음과 같은 것이 있다.

- 효율성과 유효성의 증가
- 사기진작

- 직무만족 증가
- 비용감소

제약은 기회에 우선하지 않으며 따라서 현상을 개선시키려는 적극적 변동과정에 방해가 되지 않아야 하는 것이 매우 중요하다.

예를 들면 관료적, 법률적, 정치적 과정을 거쳐서 새로운 기록관리법을 통과시키는 데는 많은 어려움이 따르기 때문에 새로운 법을 입법하기 보다는 기존의 법을 약간 수정하는 차선책을 받아들이거나 아니면 포기해 버리기가 너무 쉽다.

> *제약은 기회에 우선하지 않아야 한다.*

[연습 2]

연습 1에서 찾아낸 두 가지 문제점 각각에 대해 그 문제들을 변동시키는 과정에서 일어날 수 있는 제약과 기회를 세 가지씩 작성하라.

변동에 영향을 미치는 요인

변동시키려는 활동 분야에 영향을 주게 될 요인들을 고려하는 것 역시 필수적이다. 다음과 같은 질문을 함으로써 그러한 요인들을 생각해 보라.

- 왜 지금 변동을 고려하는가?
- 정치적 환경은 어떠한가? 변동에 대한 정치적 압력이 존재하는가?
- 조직의 환경은 어떠한가? 고위관리자로부터 변동에 대한 압력이 있는가?
- 직원의 변동에 대한 준비도는 어느 수준인가?
- 현재의 재정적 환경은 어떠한가?
- 이 분야에 영향을 미치는 더 큰 이슈들이 있는가?

[연습 3]

자신이 지적했던 두 가지 문제점 각각에 대해 변동과정에 영향을 미치게 될 네 가지 요소들을 적어 보라. 각 요소에 대해 구체적으로 기술하라. 그냥 '정치적 압력'이라고 하지 말고, 그 문제를 변동시키려는 노력에 영향을 미칠 수 있는 압력을 구체적으로 설명하라.

3. 비전(vision)

이제 관리자는 어떤 변동이 필요하고 가능한지, 변동의 최종 결과가 어떤 모습을 갖게 될지, 극복해야 할 주요 장애물은 무엇이며 얻게 될 편익은 무엇인지에 대한 '비전'을 세울 수 있어야 한다. 비전은 국가 기록관리시스템 전체의 재구조화(restructuring)나 그 주요 부분의 재구조화(예컨대 새로운 기록관리직군의 신설)일 수도 있고, 지역적 현황의 개선(예컨대 혼잡한 기록등록소의 개선)일 수도 있다. 장애물에는 재정적 제약과 최고관리자의 무관심이 포함될 수 있다. 최고관리자에 대한 편익에는 좀더 효과적인 기록물 검색과 동기화가 더 잘 되어 있는 인력이 포함된다.

[연습 4]

자신이 지적한 두 가지 문제 각각에 대해, 자신이 변동의 최종 결과로서 갖게 되는 '비전'을 간략히 서술하라. 길이는 대략 한 문단 정도가 되어야 하며, 변동의 최종 결과, 직면하게 될 장애물과 결과로서 생길 편익을 개략적으로 써야 한다.

---

4. 어떻게 변동이 일어나게 되는가?

관리자들이 왜 변동이 고려되어야 하는지를 분명히 알게 되고 그 변동의 결과가 어떠해야 하는지(비전)를 생각해 보았다면, 그 다음 단계는 낡은 현실로부터 새로운 비전을 어떻게 달성할 것인지 계획을 세우는 것(변동의 과정)이다. 이것을 소위 '갭 이론'(gap theory)이라고 한다. 생각해 봐야 할 문제들은 이런 것이다.

- 당신은 지금 어디에 있는가?
- 어디에 있고 싶은가?
- 그 차이를 어떻게 좁힐 것인가?

따라서 차이를 좁히고 필요한 변동을 가져올 실행계획서(action plan)를 고안해 낼 필요가 있다.

그렇지만 변동이 진공상태에서 일어날 수는 없다. 변동관리에서 핵심 문제는 어떻게 변동을 더 광범위한 전략계획과 프로그램, 그리고 그에 따른 변동에 맞추고 강화시킬 것인가 하는 것이다.

전략계획은 제2과에서 좀 더 상세히 다룬다.

표1의 모델은 변동에 대한 계획을 세울 때 고려할 필요가 있는 다양한 요소들을 설정하고 있다. 여기에는 앞에서 논의한 분석과 함께 변동의 이유를 확정하는 것부터 활동과 검토에 이르는 변동의 실제 단계가 포함된다. 이들 각 분야에 대해서는 표1 다음에서 더욱 상세히 논의한다.

변동 과정은 논리적 단계를 따른다.

변동의 이유는 무엇인가?
- 당신은 왜 이 일을 하고 있는가?
- 문제가 되는 부분
- 기회
- 요인
  최종 결과가 어떠할 것인지(비전)를 논의하고 취해야 할 활동에 대한 아이디어를 만들어 내라. 그런 다음 무엇을 수행해야 할 것인지를 정하라.

공략할 분야
- 구체적 분야를 명시하라

목적
- 어디서부터 시작하는가?
- 누가 편익을 얻을 것인가?
- 무엇을 달성하기를 원하는가?
- 무엇을 달성할 수 있는가?
- 최종 결과(비전)는 무엇이 될 것인가?
- 과정을 어떻게 판단할 것인가? (이정표를 설정하고 모니터하라)

목표
- 수행해야 할 사항들을 열거하라
- 활동의 타깃을 밝히라

활동
- 누가, 무엇을, 언제 그리고 어떻게 할 것인지를 계획하라
- 융통성을 가지되 임무에 초점을 맞추도록 주의하라
- 실행계획서를 마련하라
- 활동을 수행하라

점검
- 실행계획에 대비해서 정기적으로 점검하라

표1 : 변동에 대한 접근 모델

공략할 분야

변동이 필요한 분야와 기능, 또는 요소를 분명하게 밝혀내야 한다. '불분명한' 경계는 없어야 한다. 무엇을 공략할 것인지에 대한 정확한 성격과 범위와 맥락을 불명확하게 만들 수 있기 때문이다. 예를 들어 기록관리직군을 위한 직제를 개발하고 실행하는 것은 그런 개발을 가능하게 하는 새로운 법률이나 규정의 필요성이 인식되지 않는다면 무의미할 것이다.

목적(aim)

목적은 고려되고 있는 변동의 의도(purpose)와 방향(direction)을 개괄적으로 밝혀야 한다. 표1에서 '목적' 항목 아래에 열거된 여러 질문들은 무엇이 최종 결과가 되어야 하는지에 대한 명확한 제시에 까지 이르는 논리적 단계를 통해 관련된 핵심 목적을 인지하는데 도움이 되도록 설계된다.

목적은 제2과에서 좀더 상세히 다룬다.

어디서부터 시작하는가?

먼저 변동의 범위와 편익의 수준을 예측할 수 있도록 기준선(현재 상황)을 설정할 필요가 있다.

누가 편익을 얻는가?

변동으로부터 편익을 얻을 업무분야와 사람을 설정해야 한다. 이는 비용과 편익(costs and benefits)의 평가를 가능하게 하며, 변동에 영향을 미치고 변동의 지원자 역할을 할 수 있는 핵심 인물(예컨대 이해당사자(stakeholders))을 알아낼 수 있게 해준다.

예를 들어서, 자료관에 새로운 조직체계를 도입해서 절차를 더욱 효과적이고 효율적이 될 수 있게 하는 것은 관리자와 직원(더 나은 직무만족/ 더 명확한 목표), 처리과 직원(파일과 정보의 이용가능성(availability)) 그리고 고위관리자/장관들(비용절감과 더 나은 비용효과성)에게 편익을 줄 것이다.

무엇을 달성하기를 원하는가?

이 단계는 필요한 변동을 이루어내는데 있어서의 기회와 제약의 확인을 반영한다. 비록 그 의도가 '의욕적'이고 전향적이라고 하더라도, 변동을 도입하는데 따르는 여러 가지 실제적 문제들과 요소들을 반드시 고려해서, 애초에 달성되었으면 하고 희망했던 것이 아니라 현실적으로 달성될 수 있는 것에 초점을 맞추어야 한다.

예를 들어서, 의회의 처리과정상 6개월 내에 새로운 법을 통과시킬 수 없게 되어 있다면 그것을 기대하는 것은 무의미하다. 마찬가지로, 해당 부분에 변동을 가져오기 위해서 국가기록관리기관의 직원에게 기관 내의 문서과들을 조사할 권한을 부여하는 일은 기록관리법상의 관련 규정에 의해 좌우될 것이다.

최종 결과는 어떠할 것인가?

최종 결과가 어떠할 것인가(비전)는 앞서서 논의한 것(표1의 모델 중 '변동의 이유는 무엇인가?' 단계를 보라)에 따라서 최종 양식으로 개발할 필요가 있다. 이 과정에서 필요한 사항은 다음과 같다.

- 상상력을 발휘할 것(의욕적일 것)
- 현실성을 보장할 것(즉, 명시된 자원 범위 내에서 달성 가능할 것)
- 결과가 어떠할 것인지에 대해 폭넓은 관점을 제시할 것(세부 사항에 매몰되지 말 것)

- 주요 인물, 과정, 시스템과 필요한 변동을 확정할 것
- 비전을 모니터하고 성과/산출을 측정하는 방법을 결정할 것

예를 들어서, 국가기록관리기관의 현용기록부서 내에 같은 기관 군(機關 群, agency cluster)에 속해 있는 문서과들을 재구조화하기 위한 팀을 만들 필요가 있다고 하자. 그 결과로 현용기록부서 출신의 팀 리더 한 명과 관련 기술을 가진 직원 등 네 명 정도로 이루어진 팀을 만들고, 기존의 매뉴얼을 이용하여 정보와 훈련 기반을 제공하게 하고, 분명한 목적과 목표를 설정하고, 각 기관의 관련 고위관리자들이 합의한 프로젝트관리 원칙을 계획하게 될 것이다. 이 단계에서는 어떤 기관들을 포함시킬지 또는 팀 구성원들을 누구로 할지를 정하거나 프로젝트계획서를 마련하거나 작업시간표를 확정하지는 않을 것이다.

목표(objectives)

목표는 각각의 목적을 촉진시키기 위해 구체적인 달성 계획을 제시함으로써 (의도와 방향을 제시하는) 목적과 (달성해야 할 것을 계량화 하는) 타깃(target) 간의 간격을 메워준다.

수행해야 할 사항들을 열거할 때에는(표1 참조) 반드시 중요 사항들만을 열거해야 한다. '과업리스트'(task list) 다시 말해서 수행해야 할 구체적인 과업이나 책임들을 열거한 리스트를 만들 필요는 없다.

목표와 성과척도는 제2과에서 좀더 상세히 다룬다.

표2의 사례는 비전과 목적과 목표의 핵심 요소들, 그리고 그것들 사이의 관계를 보여준다. 여러 가지 가능한 목적들 가운데 하나만을, 그것을 지원해주는 목표 몇 가지와 함께, 제시했음에 유의하라.

- 비전 : 기록과 영구기록의 효과적이고 책임 있는 관리를 위해 공공부문 전반에 걸쳐 기록관리시스템과 기록관리 업무를 확립한다.
- 목적 : 모든 정부기관들의 기존의 기록등록소를 효율적인 기록관리 부서들(records management units)로 변환시킨다.
- 목표 : 앞으로 6개월 내에 모든 기관에 기록관리자(records managers)를 임명하도록 한다.
  향후 3년에 걸쳐 매년 10개 기관의 기록등록소를 재구조화하고 혼잡을 줄이도록 한다.
  내년 말까지 재무기록과 인사기록에 관련된 전반적인 기록물 처리일정표를 수립한다.

표2 : 국가기록관리기관의 비전, 목적과 목표

[연습 5]

자신이 지적한 두 가지 문제들 각각에 대해 비전 선언문(vision statement)을 작성한 후, 적어도 한 가지 목적을 기술하라. 다음에는 각각의 목적에 대해 두세 가지 목표를 세우라. 표2를 보기로 삼아서 그 정보를 배열하라.

활동(Action)

변동의 최종 결과에 대한 비전이 확정되고, 기준선이 설정되고, 목적과 목표가 확인되고 나면 비전을 달성하는 수단을 확정할 필요가 있다. 이는 누가, 무엇을, 언제 그리고 어떻게 할 것인지 계획을 세우는 과정이다. 다음 사항들을 기억하라.

- 변동에 대한 최고관리자의 참여를 확보하는 것이 중요하다.
- 계획수립 과정에는 반드시 융통성이 있어서 방향을 바꾸거나 새로운 요소를 다룰 수 있어야 한다.
- 특정 과업의 완수에 집중하고 구체적인 시간표에 따라 활동을 배정하는 것이 현명하다.
- 실행과정에 관여하며 변동을 유발시킬 수 있는 주요 인물을 식별해내는 것이 중요하다.
- 각각의 과업별로 시간타깃(time targets)에 대비한 분명한 목표를 설정하는 것이 중요하다.

변동이 성공하려면 최고관리자가 반드시 참여해야 한다.

실행계획서(Action plan)

활동이 이루어지는 범위를 규정하는 틀이 실행계획서이다. 표3은 간단한 실행계획서의 보기로서 여기에서 논의되는 모든 다양한 요소들을 함께 모은 것이다.

목표의 성격 및 관련된 과업의 수에 따라 각각의 목표에 대한 프로젝트계획서가 필요할 것이다. 프로젝트계획서에서는 목표의 여러 가지 요소들과 확인된 중요한 날짜('일정표')를 그래프(또는 막대그래프) 형태로 표시한다. 실행계획서 전체에도 역시 모든 주요 활동을 포괄하는 프로젝트계획서가 필요할 것이다.

표4는 프로젝트계획서의 한 가지 예가 된다. 이것은 문서과의 공간 확장에 관한 것이다. 실행계획서와 프로젝트계획서 모두 융통성을 가져야 하며 정기적으로 점검을 해야 한다. 시간타깃의 지연이나 새로운 업무를 포함해서 모든 변동사항들이 반영되어야 한다.

전략계획서와 프로젝트계획서의 준비에 대해서는 제2과와 제3과에서 더 상세하게 다룬다.

점검(Review)

점검 과정은 정기적으로 이루어져야 하며, 변동은 그에 따라 이루어져야 한다. 게다가, 발전과 진행에 대해서 공식성이 덜한 일일 점검이 자동적으로 이루어져야 한다.

[연습 6]

표3 실행계획서를 보기로 이용해서 자신이 앞선 연습문제에서 지적했던 두 가지 문제점 각각을 변동시키기 위한 실행계획서를 작성하라. 자신이 그런 변동 수행을 맡은 관리자라고 가정하고, 자신은 무엇을 할 것이며, 누가 책임을 질 것이며, 어떤 일정표를 배정할 것인지를 적시하라. 비록 가상적 상황이기는 하지만 가능한 한 세부 사항을 많이 제시하라.

실행계획서

프로젝트 명 : _____

목표가 무엇인가? (우선순위에 따라 번호를 매길 것)	관련 비용이 소요되는가? (예/아니오)	확인된 필요는 무엇인가?	목표 시간은 언제인가?	언제 목표가 모니터될 것인가?	집행관(action officer)은 누구인가?	그 밖에 누구의 관여가 필요한가?	프로젝트 계획서 (예/아니오)

표 3 : 실행계획서

문서과 확장 프로젝트

번호	활동	개월 수														
		1	2	3	4	5	6	7	8	9	10	11	12	13	14	15
		1998												1999		
		1월	2월	3월	4월	5월	6월	7월	8월	9월	10월	11월	12월	1월	2월	3월
1	건적서제출	xxxx														
2	건적 과정		xxxx													
3	상세설계			xxxx	xxxx											
4	입찰서류 준비				xxxx	xxxx										
5	입찰자 수배						xxxx									
6	보고, 지시, 지도							xxxx								
7	건축								xxxx	xxxx	xxxx	xxxx				
8	서가배열 준비												xxxx	xxxx		
9	준공검사														xxxx	
10	준공과 공식개관															xxxx

표 4 : 문서과 확장을 위한 프로젝트계획서

5. 어떤 관리기법이 필요한가?

이 과의 앞부분에서는 변동을 이루는데 필요한 과정, 즉 무엇이 바람직한가 하는 '비전'의 확정과 비전을 달성하는 여러 가지 방법들을 생각해 보았다. 물론 변동이 생애주기와 연속체(continuum) 개념에 기반을 두고 기록을 관리하는 새로운 시스템의 개발, 실행과 유지에 초점을 맞추어 왔지만, 그 접근법은 어떤 분야, 기능 또는 요소의 변동에도 두루 적용된다. 그 효과적 전달을 위해서는 일련의 관리기법을 갖춘 관리자들이 요구된다.

표5는 주요 관리기법의 모델을 제시한다. 아래에서는 그 핵심 분야들을 간략하게 언급하고 있으며, 이 모듈의 제2과 이후에서 더욱 상세하게 다루게 된다.

기획(Planning)

기획은 전략적 용어로서 미리 생각해야 할 요구(비전) 및 수행할 활동과 완수해야 할 과업 같은 계획요소들을 포함한다. 그 핵심은 다음과 같은 것을 보장하는 것이다.

- 관리적으로 이루어지기를 원하는 것의 범위를 이해해야 한다. 다시 말해서, 기준선이 정해지고 바람직한 성과가 설정되며 편익이 확인되어야 한다.
- 목적은 언제나 명확히 설정되어야 한다.
- 목표와 과업은 시간타깃에 대비해서 시간표가 짜여져야 한다.

아래 보기는 새로운 자료관의 건축에 대한 것인데, 여기서는 이용자 및 직원의 요구와 건축시간표 및 새로운 조직체계의 도입 사이에 균형이 이루어져야 할 것이다.

> *기획에서는 앞서 생각하는 것이 필요하다.*

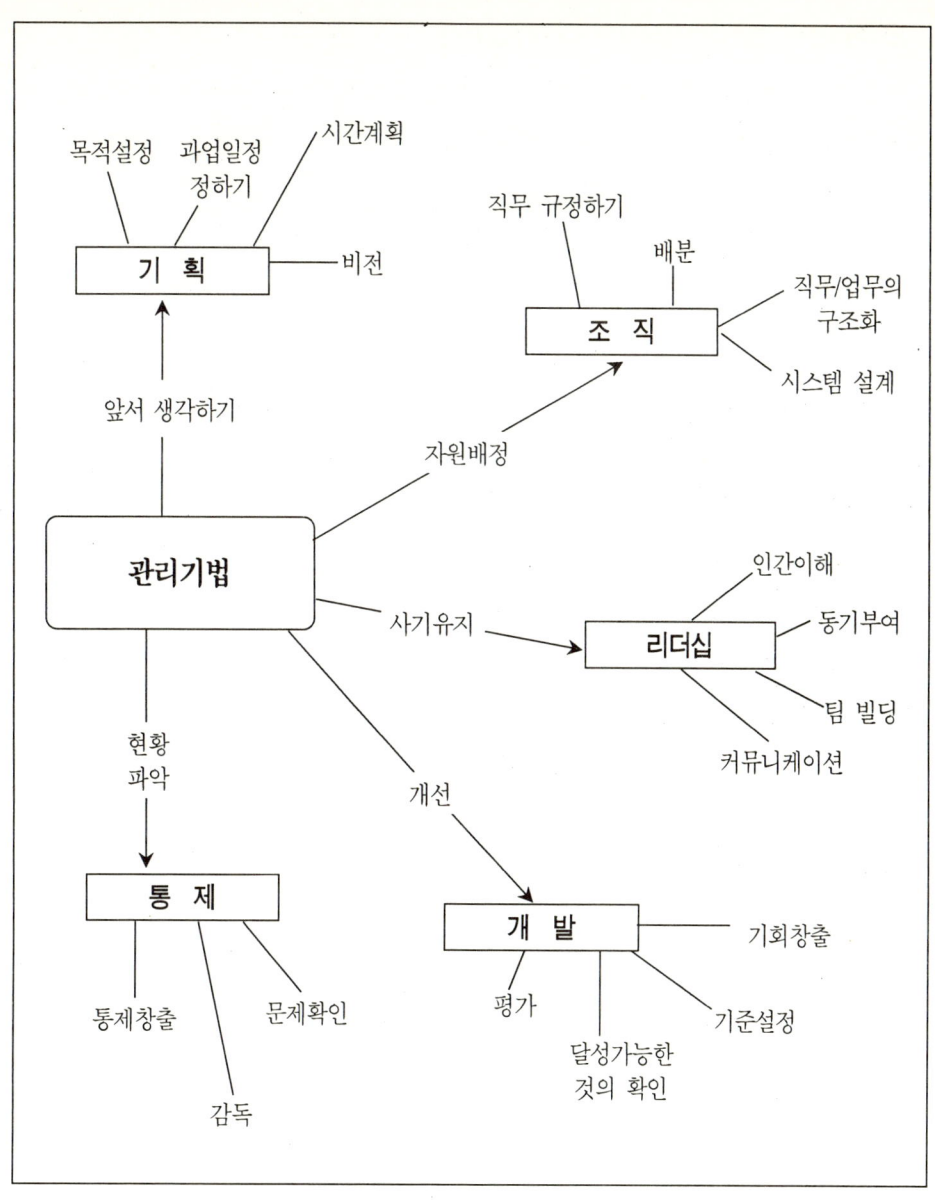

표5 : 관리기법

조직

자원(예컨대 예산, 직원, 시간, 기자재나 건물 등)을 효과적으로 관리하는 능력은 어느 관리자에게나 중요한 영역이다. 다음 사항들을 보장하는 것이 중요하다.

- 직무를 명확히 정의하고 구조화해야 한다(전반적 계획 내에서).
- 업무는 적절한 능력을 갖춘 적절한 직원에게 배정되어야 한다.
- 직원/업무는 목표, 성과, 산출 및 목표 시간에 대비해서 관리되어야 한다.
- 시스템은 결과를 전달하도록 설계되어야 한다.

한 기관의 자료관 재구조화가 좋은 예이다. 여기서 역할과 과업들은 새로운 시스템의 도입과 함께 재정의되었다. 목표, 성과의 기준/질, 그리고 산출이 분명해야 한다.

> *조직은 자원을 효과적으로 관리하는 능력이다.*

리더십

단체장이 사기를 유지시키고, 확고한 의사결정을 내리고 방향을 분명히 하는 것(비전)은 항상 그 조직의 목적 달성과 효과적인 업무 수행에 근본적으로 중요한 것이다. 마찬가지로 변동을 만들어내고 실행하는 데 있어서의 확고하고 분명한 리더십이 변동과정에 기본적인 것이다. 핵심활동에는 다음 사항들이 포함된다.

- 사람(그들의 강점과 약점, 특정한 기술과 경험)을 이해하는 것
- 과업의 효과적 수행에 대한 직무만족과 자긍심을 갖도록 직원들에게 동기부여를 하는 것
- 통합된 비전, 최선의 자원이용과 품질결과 보장을 위한 팀 구성을 하는 것
- 커뮤니케이션을 하는 것

국가기록관리기관을 설립하려면 직원들이 변동의 이유를 이해하고 그들의 열망을 추구하도록 보장하기 위해서 기관장이 분명한 비전, 커뮤니케이션능력과 리더십을 가져야 한다.

> *리더십에는 확고한 의사결정 및 분명한 비전을 갖는 것과 함께 사기를 유지하는 것도 포함된다.*

개발

시스템, 절차와 작업, 또는 관리관행을 개선하는 것은 지속적인 변동과정의 일부가 되어야 한다. 다음과 같은 점이 중요하다.

- 원래의 기준선에 대비해서 현재 상황을 정기적으로 점검하고 평가하는 것
- 발전과 개선의 기회를 포착하는 것(무엇을 달성할 수 있는지를 깨닫는 것)
- 후속 변동의 기회를 만들어내는 것
- 직원을 위해 품질, 성과와 산출의 기준을 설정하는 것

현용기록관리에 새로운 접근법을 도입하는 일이 기록관리 직원과 관리자들이 기존 시스템 개선의 기회를 잡을 수 있는 사례가 된다. 핵심은 현 상황을 알고, 무엇이 달성가능한지에 대한 분명한 '비전'을 갖고, 제안된 것에 대한 최고관리자의 참여를 확보함으로써 변동기회를 만들어 내는 것이다.

> *개발이란 비전 달성을 위해서 지속적인 개선을 이루어 나가는 과정이다.*

통제

효과적 통제란 무엇이 일어나고 있는지를 안다는 것을 의미한다. 비효과적인 통제의 특징은 지식의 결여, 불충분한 정보와 형편없는 리더십이다. 훌륭한 통제를 보장하기 위해서는 다음과 같은 일이 필요하다.

- 시스템, 절차와 자원관리를 위한 통제 메커니즘을 만들고, 적용하고 점검하는 일
- 가능한 한 빨리 문제점을 알아내고 수정하는 일(문제점은 통제 메커니즘이 실패했거나 부적당하거나 실종되었음을 표시해줄 수 있다)
- 핵심 과업과 활동이 효과적으로 수행되도록 감독하는 일

이러한 관리기술들은 이 모듈의 제2과 이후부터, 그리고 『기록관리의 인적·물적자원』(Managing Resources for Records and Archives Services)에서 더욱 상세하게 다룬다.

> 통제에는 통제 메커니즘의 적용, 문제의 수정과
> 핵심 과업의 감독이 포함된다.

[연습 7]

자신이 지적한 두 가지 문제점 각각에 대해서 좋은 조직, 리더십, 개발, 통제를 보장하기 위해 기억해야 할 필요가 있다고 생각하는 주요 사항이나 취해야 할 주요 활동들에 대해 간략하게 기술하라. 단순히 일반적 서술을 하지 말고 자신이 지적한 문제점들에 대해서 구체적으로 기술하도록 유의하라.

요약

제1과에서는 변동을 이루어내기 위한 다음과 같은 핵심 요건들을 중점저으로 분석하였다.

- 고위관리자의 참여
- 현 상황(기준선)을 아는 것
- 분명한 목적과 달성 가능한 목표
- 효과적인 실행계획서와 프로젝트계획서
- 기회와 제약의 확인

제1과에서는 또한 변동을 이루어내기 위해 필요한 관리기술 역시 상세히 살펴보았다.

- 무엇을 달성할 수 있는지를 고려하라.
- 미리 계획하라.
- 자원을 효과적으로 조직하라.
- 적극적 리더십과 훌륭한 커뮤니케이션을 통해 활동을 통제하라.
- 지속적인 개선과정이 자리 잡도록 보장하라.

학습문제

1. 왜 때때로 변동이 필요한가?

2. 왜 변동과정은 반드시 계획되어야 하는가?

3. 조직 내에서 흔히 문제가 발생하는 주요한 분야 네 가지를 지적하라.

4. '제약'와 '기회'의 개념을 설명하라.

5. 변동과정에 영향을 줄 수 있는 세 가지 제약과 세 가지 기회를 지적하라.

6. 변동과정에 영향을 줄 수 있는 네 가지 요소를 지적하라.

7. 변동에 대한 편익에는 어떤 유형들이 있는가? 변동과정을 시작하는 시점에서 편익을 인식하는 것이 왜 중요한가?

8. '비전'이란 무엇인가? 비전에 대한 장애물과 비전의 편익이라는 개념을 설명하라.

9. '목적'과 '목표'란 무엇인가?

10. '최종 결과'의 개념을 설명하라.

11. 변동을 일으키는 활동의 성공에 중심이 되는 세 가지 요소를 지적하라.

12. 기준선이 어디인지를 아는 것이 왜 그렇게 중요한가?

13. 실행계획서란 무엇인가?

14. 왜 점검과정이 변동관리에 중요한가?

15. 다음의 관리기술들을 정의하고 각각에 대해 기억해야 할 핵심 사항 두 가지씩을 지적하라.
    - 기획
    - 조직
    - 리더십
    - 개발
    - 통제

연습 : 조언

연습 1-7

이들 연습문제는 모두 제1과에서 제시된 일반적 정보를 생각해보고, 가상기관이든 실제기관이든 자신이 소속된 기관의 구체적 상황에 적용하는 것을 도와주려는 의도를 갖고 있다. 연습문제들은 문제점을 식별해내고 해결책을 찾는 관리자가 되도록 해 준다. 이 연습문제들을 수행하고 검토할 때 모든 가능한 시나리오를 생각해보고 이 과에서 제시된 정보를 자신의 구체적인 상황에 적용해보도록 하는 것이 중요하다. 단순히 일반적 대답만 하지 않도록 유의해야 한다. 그렇게 되면 이 관리정보를 자신이 속한 조직의 현실에 관련시키는데 도움이 되지 않기 때문이다.

제2과

전략계획

제2과에서는 기록관리 분야의 관리자들에게 전략적 관리와 전략계획의 개념을 소개한다. 군사용어로서의 '전략'이란 아군에게 유리한 전투 장소, 시간과 전투 조건을 적에게 부여하기 위해 군대를 이동시키는 기술이다. 여기서 비롯되어, 경영학에서 이 용어는 조직의 사명, 목적 및 목표 증진을 위한 자원의 수집과 배포라는 의미로 보다 일반화되어 사용되고 있다.

전략계획(Strategic planning)은 게임에 대입시켜 보면 가장 잘 이해할 수 있을 것이다.

- 전략(strategy)은 먼저 적당한 게임을 선택하는 기술과 연관된다.
- 전술(tactics)은 그 게임을 이기기 위한 최선의 방법을 선택하는 것과 연관된다.
- 정책(policy)은 게임을 하면서 스스로 행동하는 방법을 제어하는 것이다.
- 기획(planning)은 전술을 일련의 움직임으로 전환하기 위해서 행하는 것이다.

제2과에서는 전략과 전략계획에 중점을 둘 것이다. 즉

- 전략적 관리(strategic management)와 운영관리(operational management)를 구별한다.
- 전략계획을 수립하는 과정을 개략적으로 살펴본다.

1. 전략적 관리

'전략적 관리'는 조직의 임무, 사명, 목적과 목표, 그리고 그것들의 달성을 위해 채택된 정책에 영향을 주는 근본적인 의사결정에 관한 것이다. 그렇지만, 전략적 관리를 운영관리와 비교해 보면 더 쉽게 이해할 수 있을 것이다. 그 차이를 가장 간단히 말하자면 다음과 같다.

- 조직구조상 최고 상층부에서 수행하는 관리는 전략적 관리이다.
- 나머지는 모두 운영관리이다.

그러나 전략적 관리가 조직 내 고위직의 전유물은 아니다. 실제로 대부분의 관리자들은 전략적 관리와 운영관리에 모두 관여하되, 고위직일수록 전략적 계획수립을 주로 하게 된다. 예를 들어서, 어떤 기관의 기록관리자, 문서관리자와 그(녀)의 계선관리자는 모두 기록관리부서의 전략적 관리에 관여할 것이다. 그러나 계선관리자는 다른 업무 분야의 전략적 관리에도 관여하기 때문에 전략적 관리의 업무 부담이 더 많을 것이다. 반면에 기록관리자는 부서 내 운영관리 책임에 관해서는 운영관리의 업무 부담이 더 많을 것이다.

> *전략적 관리는 체제와 업무의 강화나 개선을 위해서 조직의 임무, 사명, 목적과 목표에 관한 근본적 의사결정을 내리는 일이다.*

전략적 관리가 중요한 이유는 다음과 같다.

- 조직에게 방향을 제시한다.
- 조직의 핵심 목적과 목표를 향후 계획과 연계시킨다.
- 자원의 효과적이고 효율적인 이용을 단기, 중기 및 장기적으로 보장한다.

전략적 관리는 전략, 전술, 정책과 기획의 맥락을 확정하게 하는데, 이는 운영관리에 대해서 지침(guidance), 방향(direction), 범위(boundaries)를 제시하는 역할을 한다.

> *전략적 관리는 방향을 제시한다.*

2. 전략계획

> *전략계획(Strategic planning)* : 한 조직의 사명, 목적과 목표를 확인하고 그 조직의 요구, 능력과 자원을 결정한 후 그러한 목표의 달성을 위한 전략을 개발하는 과정

전략계획은 전략적 관리의 핵심이다. 그 필수적 요소는 아래와 같다.

- 조직의 핵심 목적 및 목표를 통해 생각하기
- 향후 발전을 위한 계획 세우기
- 조직의 현재 상태에서 바람직한 상태로 나아가는 방법을 만들어 내기

전략계획은 기본적으로 다음과 같은 역할을 하는 공식화된 체계적 과정이다.

- 조직의 기본적 업무(조직의 임무와 사명)를 확인한다.
- 조직의 핵심 기능(목적)을 확정한다.
- 조직의 단기, 중기, 장기적 우선순위(목표)를 결정한다.
- 사명, 목적 및 목표의 효과적이고 경제적인 달성을 위해 필요한 자원을 배분한다.
- 전략계획서나 단체계획서(corporate plan)의 형태로 그 처리과정의 산출에 대한 공식적 선언문(statements)을 작성한다.

전략계획서에 대한 범용 모델은 없다. 각 조직마다 각자의 업무상 요구(business needs)에 맞는 고유한 계획을 설계해야 한다. 그렇지만 전략계획서에는 네 가지 요소가 중요하다.

1. 현재를 미래에 연계시켜야 한다. 즉 강점, 약점, 기회와 위협 요소들을 미래에 투사하고 여러 가지 대안적 옵션과 활동 방향을 고려해야 한다.

2. 지속적인 계획 수립 과정의 일부가 되어야 한다. 즉 '누가', '무엇을', '언제', '왜' 그리고 '어떻게'를 고려해야 한다.

3. 올바른 태도로 접근되어야 한다. 즉, 모든 계층의 관리자들은 전략계획이란 '실행하기' 보다는 '생각하기'이며, 관리자들이 기획 과정을 관리의 통합된 부분으로서 수행해야만 한다는 점을 이해하고 신뢰할 필요가 있다.

4. 위로는 다른 전략계획들과, 아래로는 프로그램, 프로젝트 및 운영계획들과 연계시키는 틀을 제공해야 한다.

> **[연습 8]**
> 전략계획의 처리과정에 대한 경험이 있는가? 만일 있다면, 어떤 일이 일어났는지를 간략하게 기술하고 당신의 견해로는 그 과정이 성공적이었는지 여부를 지적하라. 성공적이거나 또는 성공적이지 못한 이유는 무엇인가?
> 만약 전략계획의 경험이 없다면, 지금까지의 학습에 기초해서, 전략계획이란 무엇이며 그것이 왜 자신이 속한 기관에게 긍정적 또는 부정적 영향을 줄 것인지를 적어 보라. 자신이 생각해 낼 수 있는 전략계획의 편익과 불이익을 각각 세 가지씩 적어 보라.

3. 전략계획서의 마련

전략계획서를 마련하려면 관련된 모든 관리자들이 다음과 같은 일련의 활동에 참여해야 한다.

- 조직의 임무를 확인하고 사명과 목적을 정의한다.
- 조직의 강점과 약점, 그리고 조직이 당면한 기회와 위협요소를 평가한다.
- 조직이 당면한 전략적 문제들을 확인하다.
- 전략적 프로그램을 개발한다.
- 미래에 대한 비전을 확립한다.

임무, 사명과 목적

임무(mandate)

> **임무(Mandate)** : 조직의 활동들에 대한 권위의 원천

한 조직의 임무는 그 조직의 핵심 업무에 대한 공식적 선언이다. 이 선언은 예컨대 그 조직 설립의 근거가 되는 법률 같은 단일 문건에 포함될 수도 있지만, 구체적이고 일반적인 법률, 규정, 정책선언문 등 여러 가지 원천으로부터 취하는 것이 더 많다. 민간부문에서는 이사회 회의록이나 집행부의 결정문에서 임무를 찾아볼 수 있다.

각 임무들은 서로 공통점이 없을 수도 있고, 때때로 모순적이거나 애매하기도 하며, 법률

상의 용어로 표현되기도 한다. 따라서 실제적으로는 조직의 목적에 대한 간략하고 분명한 선언문을 만들어낼 필요가 있다.

> 임무는 한 조직의 핵심 업무에 대한 공식적 선언문이다. 핵심 업무를 정의하는 데는 다음과 같은 일이 포함된다.

- 임무에 관한 문서들을 점검해서 필수적인 것과 선택적인 것을 확정하는 것
- 조직의 이해당사자들을 분석해서 누가 주요 이해당사자들인지 결정하고 그들의 기대를 확인하는 것

> *이해당사자(stakeholder)* : 조직의 관심사, 자원 또는 산출에 대한 권리를 갖고 있거나 그 산출에 의해서 영향을 받는 사람, 집단 또는 다른 조직

국가기록물관리기관의 경우, 이해당사자는 정부, 의회, 현용기록과 영구기록에 대한 책임을 맡은 장관, 각 기관의 기관장들과 그들에게 대해 기록관리 책임을 지는 자들, 국민과 후손이 될 것이다.

이해당사자를 고객, 공급자와 경쟁자로 분석하는 것은 제4과에서 더욱 상세히 다룬다.

사명선언문(Mission Statement)

임무를 개발해나가는 이 과정의 산출물이 '사명선언문'이다.

> *사명선언문(Mission statement)* : 조직의 목적이나 사명을 개조식으로 기술한 것

사명선언문은 조직의 목적이나 기능을 개조식으로 기술하고 조직의 계획과 전략을 형성하는 바탕이 되는 철학적 틀을 마련해 준다. 사명선언문은 4개의 주요 요소로 구성된다.

- 조직의 가장 중요한 목적이나 사명에 대한 선언
- 조직이 이루고자 하는 비전

- 조직의 핵심 가치와 신념에 대한 선언
- 조직의 목표 또는 어떻게 비전에 도달할 것인지에 대한 선언(이것은 계량화가 가능해야 한다)

> 조직의 사명은 그 조직이 존재하는 목적이다.

예를 들어서 국가기록관리기관의 사명선언문은 다음과 같이 만들어질 수 있다.

공공부문 전반에 걸쳐 효과적인 생애주기 기록관리시스템을 확립하고 유지함으로써 바람직한 거버넌스와 책임성을 증진시킴

사명선언문은 다음과 같은 용도로 이용될 수 있다.

- 조직의 사명이나 목적이 조직의 환경과 조화로운지 여부의 평가
- 직원의 동기부여
- 목표 달성 정도의 측정

이 과정에 직원을 참여시키고 모든 단계에서 조직의 사명에 직원들이 참여하도록 돕는 것이 중요하다. 그러나 조직 내 모든 사람들이 공유하는 비전과 가치를 반영하는 조직의 사명선언문을 개발하는 데는 시간과 노력이 필요할 것이다.

조직의 사명선언문을 개발하는 한 가지 기법은 '종합적 품질경영'(total quality management) 과정으로부터 가져온 것으로서 고객의 요구조건을 확인하는 것을 수반한다.

종합적 품질경영(Total quality management) : 조직의 문제점을 해결하기 위해서 고객 만족, 품질에 대한 관심, 지속적인 처리과정 개선, 직원 참여와 통계적 과정 통제에 초점을 맞추는 경영철학

종합적 품질경영 철학에 따르면, 조직이 고객들의 요구조건을 만족시키거나 그 이상이 되면 번영하게 된다. 따라서 조직이 무엇을 해야 하는가는 고객들의 요구조건이 결정하게 된다.

고객들의 요구조건을 만족시키는 것에 대해서는 제4과에서 더욱 상세히 다룬다.

조직의 사명선언문을 개발하는데 사용되는 또 하나의 기법은 브레인스토밍(brainstorming)이다. 브레인스토밍은 한 집단이 가능한 한 단기간 내에 가능한 한 많은 아이디어를 만들어 내도록 하는데 사용된다.

브레인스토밍에서는 직원들에게 예컨대 지금부터 5년 후 같은 미래의 일정 시점의 조직을 전망해 보도록 한다. 브레인스토밍 노력의 초점을 모으기 위해서 참여자들은 다음과 같은 질문에 대해 생각해 본다.

- 조직에서 이해당사자들은 누구인가? 우리는 어떻게 그들과 함께 일하는가? 우리는 그들을 위해서 어떻게 가치를 창출해 내는가?
- 조직에게 가장 큰 영향력을 미치는 경향(trends)은 무엇인가?
- 우리 업무의 영향력은 무엇인가?
- 조직은 어떤 모습으로 보이는가?
- 조직체계의 중요 요소들이 어떻게 상호 연계되어 있는가?
- 우리의 가치는 무엇인가? 우리는 동료를 어떻게 대우하는가? 사람들이 어떻게 인정받는가?
- 지역사회에서 우리 조직의 역할은 무엇인가?

이러한 질문들에 대한 답을 하고 나서 참석자들은 다시 조직의 현재 상황에 비추어서 이 질문들에 대한 답을 생각해 본다. 이 두 가지 시나리오를 비교하는 것은 조직의 사명을 깨닫는데 필요한 목표와 전략을 분명하게 밝히는데 도움이 될 수 있다.

> 팀 빌딩과 관련된 브레인스토밍에 대해서는 『기록관리의 인적·물적자원』(*Managing Resources for Records and Archives Services*)에서 더욱 상세하게 다룬다.

[연습 9]

자신이 속한 조직의 기존의 사명선언문을 참조하지 말고 기록관리부서, 자료관, 또는 기록관리기관의 참고업무 부서 등 자신이 속한 조직 내의 특정한 부서의 사명선언문을 작성하라. 자신이 작성한 선언문을 조직에 이미 마련되어 있는 선언문과 비교하라.

목적(Aims)

> *목적(Aims)* : 조직의 임무에서부터 비롯된 그 조직의 지속적인 의도의 선언

조직의 사명 달성을 촉진하기 위해서는 목적을 좀더 구체적으로 설정해야 한다. 목적이란 조직의 핵심 업무의 지속적 수행을 선언하는 것이다. 바람직한 목적의 조건은 다음과 같다.

- 영감을 줄 것
- 범위가 넓을 것
- 쉽게 이해할 수 있을 것
- 모든 것을 포괄할 것
- 장기적일 것
- 시간 제약이 없을 것
- 계량화 하지 않을 것
- 간략할 것

다음은 국가기록물관리기관의 목적들을 예시한 것이다.

- 공공기록의 전생애주기에 걸친 효과적, 경제적, 효율적 관리를 보장한다.
- 지속적 가치를 가진 기록을 식별하여 국립기록보존소(National Archives)에 이관한다.
- 영구기록을 국립기록보존소의 관리 하에 보존한다.
- 영구기록을 참조할 필요가 있는 사람들이 이용할 수 있게 한다.

> *목적이란 지속적 수행에 대한 선언이다.*

강점, 약점, 기회와 위협

다음 단계는 조직의 내부적 강점과 약점, 그리고 외부적 기회와 위협 요소들을 식별해내는 일이다. 이 네 가지 요소의 머리글자를 따서 이 과정을 SWOT 분석이라고 한다.

SWOT 분석(SWOT analysis) : 조직의 내부적 강점(strengths, S)과 약점(weaknesses, W), 외부적 기회(opportunities, O)와 위협(threats, T)에 대한 체계적 평가

> SWOT 분석의 목적은 강점을 강화하고, 약점을 제거하며, 기회를 활용하고 위협을 물리치는 것이다.

SWOT 분석에서는 다음과 같은 질문을 한다.

강점

이 질문들은 조직의 관점과 함께 고객의 관점에서 고려되어야 한다.

- 조직의 장점은 무엇인가?
- 조직은 무엇을 잘 하는가?

약점

이 질문들 역시 조직의 관점과 함께 고객의 관점에서도 보아야 한다.

- 무엇이 개선될 수 있는가?
- 무엇이 잘못되었는가?
- 무엇을 피해야 하는가?
- 경쟁자가 더 잘하는 것은 무엇인가?

기회

좋은 기회는 조직 환경의 변화로부터 올 수 있다.

- 관련되어 있는 경향은 무엇인가?

- 앞으로 일어날 어떤 사건이 조직과 조직의 업무를 진흥시킬 기회를 제공하는가?
- 조직이 그런 경향과 사건을 어떻게 활용할 수 있는가?

위협

문제점들도 역시 조직 환경의 변화로부터 발생할 수 있다.

- 어떤 난관에 부딪쳐야만 하는가?
- 경쟁자들은 무엇을 하고 있는가?
- 조직의 업무에 대한 요건들이 변하고 있는가?
- 변화하는 기술은 기회이자 위협인가?

이 분석을 수행함으로써 유용하게 이루어질 수 있는 변화를 밝혀내고 문제점을 미래에 대한 전망으로 바꿀 수 있을 것이다.

업무환경

기회와 위협 요인들을 알아내기 위해서 조직의 업무환경을 분석하려면 다음 단계를 거치게 된다.

1. 현재의 업무환경을 기술한다. 분석을 쉽게 하기 위해서는 보다 광범위한 업무환경을 아래와 같이 몇 가지 하위 영역들로 구분할 수 있을 것이다.

- 경제적 환경. 즉 경제성장율, 금리, 환율과 인플레율 같은 관련 거시경제요인과 정부예산 및 기타 재원으로부터의 재정지원 같은 미시경제요인
- 기술적 환경. 즉 조직에 영향을 주게 될 새로운 산업과정이나 정보기술
- 사회적 환경. 즉 가치 변화를 유도해 낼 요소들
- 인구통계적 환경. 예를 들면 우선순위나 요구의 변화를 가져오게 될 노인 인구
- 정치적 및 법적 환경. 예를 들면 공공소유로부터 민간소유로의 정책변동 또는 새로운 법률의 시행

2. 현재의 업무환경에 어떤 변화가 일어났거나 일어날 것인가 라는 질문에 대답하라. 그런 변화들을 단기변화와 장기변화로 분류할 수 있다.

3. 이렇게 찾아 낸 변화들이 조직에게 기회인지 위협인지를 평가하라. 국립기록보존에게 기

회가 되는 한 가지 예는 새로운 기록관리법의 제정을 들 수 있다. 법의 제정이 국립기록보존소의 역할을 인정하고 앙양시키기 때문에 기회로 생각할 수 있을 것이다. 반대로 기록관리 전문 업무를 제공하는 다른 기관들과의 경쟁 필요성은 위협으로 분류될 수 있을 것이다.

[연습 10]

잠시 시간을 내어 자신의 부서가 운영되는 환경에 대해 생각해보라. 위협과 기회에는 어떤 것이 있는가? 생각해낼 수 있는 한 많은 항목을 적어보라.

전략적 이슈의 확인

전략적 이슈를 확인하는 것은 전략계획 과정의 핵심이다. 이 단계에서 조직은 임무와 사명을 설정하고 SWOT 분석을 수행하는 과정을 통해 찾아낸 기본적 정책대안들(policy choices)을 확인하고 다루게 된다.

이 과정에는 다음 사항들이 포함된다.

- 각 이슈들을 확인한다.
- 그것이 전략적 이슈인지 여부를 결정한다.
- 그 문제를 다루지 못했을 경우의 결과를 평가한다.
- 전략적 이슈들을 논리적 또는 시간적 순서에 따라 우선순위별로 정리한다.

예를 들어서 국가기록물관리기관이 정부에서의 정보접근법 시행에 직면하고 있다고 하자. 이 법을 준수하기 위해서 모든 기록에 쉽게 접근할 수 있도록 보장하는 일이 전략적 이슈가 될 것이다. 다른 문제들에 비해서 이 전략적 이슈에 우선순위를 부여하는 것은 부분적으로 새로운 법률의 시행 시간표, 기록의 현재 상황, 그리고 시스템 개선을 위해 사용할 수 있는 자원에 좌우될 것이다.

국가기록물관리기관은 부적합한 분류 공간(sorting area) 역시 전략적 이슈 중 하나로 삼을 수 있지만, 이 문제는 정보접근법에 대한 준비보다 우선순위가 낮다. 그렇지만 이 두 문제는 연계되어 있다. 즉 국가기록물관리기관이 기록을 좀더 효율적으로 분류할 수 있다면 접근 요건을 더욱 잘 지킬 수 있을 터인데, 거기에는 분류 공간의 개선이 필요한 것이다.

전략적 이슈는 조직의 기본적 정책대안들에 영향을 미치는 것이다.

전략적 프로그램의 설정

목표(objectives)

> *목표(Objective)* : 조직의 목적(aims)을 지원하기 위해 일정한 기간 내에 달성하려고 하는 구체적인 지향점(goal)의 선언

이 단계에서는 이미 완수한 모든 작업을 함께 모아서 전략적 프로그램을 설정한다. 이 프로그램은 보통 전략적 우선순위가 매겨진 전략적 이슈들에서 비롯된 일련의 목표와 하위 목표들로 표현된다. 바람직하고 효과적인 목표의 특성은 다음과 같다.

- 구체적이다.
- 객관적이다.
- 수가 제한되어 있다.
- 우선순위가 매겨져 있다.
- 수단이 아닌 결과이다.
- 도전적이지만 달성 가능하다.
- 성과, 출력, 그리고 비용에 대한 가치 면에서 측정이 가능하다.

이런 특성들은 SMART라고 요약되기도 한다. 이것은 Specific(구체적), Measurable(측정 가능), Achievable(달성 가능), Realistic(현실적), Timed(시간제한)의 머리글자를 딴 것이다.

> *효과적인 목표는 목적을 구체적으로 확장시킨다.*

각 목표들의 인적, 재정적, 물적 자원 관계가 고려되어야 한다. 달성할 수 없는 목표들을 길게 늘어놓는 것보다는 자원의 제약 내에서 달성할 수 있는 소수의 주요 목표와 핵심 성과 척도를 제안하는 편이 더 바람직하다.

성과척도(Performance Measurement)

> *성과척도(Performance measure)* : 처리과정의 표준적 정의와 그 측정 단위에 근거한 유효성의 지표. 성과지표(performance indicator) 또는 타깃(target)이라고도 한다.

기록관리 업무의 성과를 측정하는 것에는 문제점이 있을 수는 있지만 해결이 불가능한 것은 아니다. 어떤 목표들은 단위비용의 감소 측면에서, 또 어떤 것들은 업무 타깃 측면에서 측정할 수 있으며, 그 어떤 것도 적용할 수 없는 경우에는 타깃 날짜(target dates)로도 측정할 수 있다.

> 성과를 측정하는 것은 목표달성 여부를 확인하는데 도움이 된다.

성공의 비전(Vision of Success)

'성공의 비전'은 전략계획에서 채택되었던 모든 전략들을 종합한다. 이것은 조직이 전략을 성공적으로 실천하여 잠재력을 완전히 발휘했을 경우 어떤 모습이 될 것인가를 요약해서 보여준다.

예를 들어서, 어떤 기관의 기록관리부서에게 성공의 비전은 다음과 같다.

> 향후 3년 동안, 이 부서는 기존의 기록등록부를 폐쇄하고 모든 문서과를 재구조화하며 보관기간이 만료된 모든 기록을 자료관으로 이관하거나 폐기하여 처리하는 한편 기관 기록의 이용자에 대한 효율적인 서비스를 개발하고 유지하도록 할 것이다……

전략계획서

> *전략계획서(Strategic plan)* : 조직이 일정 기간 동안 달성하려고 하는 산출과 그 산출을 생산하는데 필요한 투입에 대한 공식적 선언문. 단체계획서(corporate plan) 또는 개발계획서(development plan)라고도 한다.

이상과 같은 모든 활동들의 결과로 전략계획서 또는 장기계획서가 마련된다. 전략계획서에는 조직의 임무, 사명선언문, 목적과 목표가 설정된다. 또한 계획을 달성하는데 어떤 자원이 필요하며 어떤 성과척도로 계획의 성공적 완수를 측정할지 표시한다. 이용 가능한 자원으로 합의된 시간 내에 달성 가능하다는 점에서 현실적인 계획이어야 한다는 사실이 중요하다. 계획서는 향후 5년 정도의 장기간에 걸친 것이어야 한다.

전략계획서는 또한 모든 관련 조직들의 전략계획을 고려하고 그것들에 맞추어야 한다. 예를 들어서, 기록관리부서의 전략계획서는 모체기관의 보다 광범위한 전략계획서 및 국가기록물관리기관의 전략계획서와 들어맞아야 한다.

전략계획은 지속적인 과정이며 전략계획서는 항시적인 계획서(rolling plan)이 되어야 한다. 계획의 첫 일년이 마감되어 갈 때가 되면 그 일년 동안 이룩한 성과를 감안해서 계획수립 과정을 반복해야 하며, 예컨대 향후 5년간 같이 새로운 장기간을 포괄하는 새로운 전략계획서를 개발해야 한다.

모든 전략계획서는 합의된 성과척도에 의거한 실제 성과에 대한 보고서를 정기적으로 보고받는 조직의 관리자와 핵심 이해당사자들에 의해 공식적으로 승인되어야 한다. 예를 들어서, 국립기록관리기관이라면 핵심 이해당사자는 공공부문의 기록과 영구기록에 대한 책임을 가진 장관이 될 수 있다.

일단 합의가 이루어지면, 전략계획서는 다음과 같은 일련의 하위 계획들을 수립하는 틀이 될 것이다.

- 장기 공공지출계획과 연간 예산 같은 재정 계획
- 연간 업무계획

재정계획 수립에 대해서는 『기록관리의 인적・물적자원』 (Managing Resources for Records and Archives Services)에서 좀더 상세히 다룬다.

[연습 11]

자신이 기록관리부서의 관리자라고 가정하라. 당신은 자신의 부서에서 영구보존기관으로 기록을 이관하는 시스템을 변경해야 할 필요성을 전략적 이슈로 설정하였다. 변동 과정에는 각종 양식과 절차를 바꾸고, 직원훈련매뉴얼을 개정하며 직원에게 새로운 절차를 훈련시키는 일이 포함된다. 당신의 상급관리자는 향후 6개월에 걸쳐 이 작업을 완수하도록 추가 지출을 승인했다.

이 모듈에서 지금까지 제시한 정보를 이용해서 시스템의 변동을 이루어 내기 위한 전략계획을 수립하라.

계획서가 짧을 수는 있지만 이 과에서 언급한 요소들을 가능한 한 많이 포함시키도록 해야 한다. 이 연습의 목적은 구체적 상황에 대한 전략계획의 전 과정을 생각해보도록 하는 것이다. 답이 완전할 필요는 없지만 이 모듈에서 지금까지 제시된 아이디어들을 활용해서 가능한 한 많은 작업을 해야 한다.

율도국 기록관리기관 전략계획서, 1998-2002

사명선언문
　율도국의 기록관리기관은 율도국 정부 기록을 전 생애주기에 걸쳐 효율적이고 경제적으로 관리하고, 율도국 정부와 시민을 비롯한 모든 사람들이 영구적 가치를 가진 공공기록을 현재 및 미래에 이용하도록 보존하도록 보장하기 위해 노력한다.

환경분석
　율도국 국립기록보존소는 1959년에 설립된 이후 정부 영구기록의 보존서고(repository)로서의 역할을 하고 있다. 1961년 율도대학교는 특수장서부(Special Collections Division)를 설립하였는데, 이곳에서는 율도국의 독립 이전과 이후의 역사에 관련된 민간기록을 적극적으로 수집하고 있다.
　1978년에 정부가 율도국 국립도서관을 설립하자 국립기록보존소는 수집한 출판물 집서를 국립도서관으로 이관시켰다. 그 이후 국립기록보존소는 직원용의 소규모 영구기록 참고도서관과 함께 공공기록을 책임지고 있다.
　1996년 정부는 기록관리법을 개정하여 율도국 국립기록보존소의 모든 기록관리 업무와 관리 전반을 포괄하는 국가기록물관리기관(National Records and Archives Institution)을 설립했다.
　율도국 국가기록물관리기관과 국립기록보존소의 주요 이용자는 정부 공무원, 학술연구자, 지방이나 가족 또는 지역사회를 연구하는 시민들, 그리고 과제를 수행하는 대학생과 초·중·고등학생들이다.

행정개혁
　행정개혁의 일환으로 국가기록물관리기관은 정부 내의 기존 기록관련 업무의 재구조화를 단행해 왔다. 이는 재정지원의 필수 조건이며 시한이 설정되어 있다.

자원 평가
　현재 국가기록물관리기관이 보유한 자원은 다음과 같다.

직원
- 전임 전문직 직원 20명(기록관리 자격증 소지자 6명, 기록학 석사학위 소지자 4명)
- 전임 일부 직원 25명

건물
- 정부청사 인근의 독립 건물 내에 중앙 현용기록 문서고(central records repository) 하나와 참고열람 구역
- 준현용기록 및 영구기록용 원격 보관구역(offsite storage area) 3곳. 어느 곳도 환경통제나 모니터는 안됨

기기와 비품
- 최근에 입수한 국제 규격의 마이크로필름 기기
- 트럭 3대와 승용차 2대
- 컴퓨터는 없음

표6 : 율도국 전략계획의 예

재정자원
- 기존의 업무를 유지하기에는 충분하지만 추가적 업무나 훈련, 또는 확장은 지원할 수 없는 예산

기존 소장자료
　국가기록물관리기관은 준현용기록과 영구기록을 보관하고 있으며 현용기록에 대해서는 행정적 책임을 진다. 소장자료 현황은 다음과 같다.
- 준현용기록 5000미터, 그 중에서 식별과 이용이 가능한 기록은 1000미터
- 영구기록 500미터, 그 중에서 정리와 기술이 끝나고 이용 가능한 것은 300미터

　국가기록물관리기관에는 또 약 100종의 출판물을 갖춘 소규모 참고도서관이 있다. 이 자료들은 일반적으로 직원만 이용할 수 있다.

목적과 목표
　정부기록시스템의 재구조화라는 국가기록물관리기관의 필수조건을 고려하고 공무원들의 높은 영구기록 이용율과 이용율 증가로 볼 때 국가기록물관리기관의 1998-2002년도 목적과 목표는 다음과 같다.

목적
　다음은 4년 동안 달성해야 할 전반적 목적들이다.
1. 현용기록관리 실무의 핵심 직원을 재훈련함으로써 그들이 재구조화와 처리과정을 적절히 수행할 수 있는 능력을 가지도록 보장한다.
2. 주요 정부부처의 기록시스템을 재구조화한다.
3. 4000건의 미처리 준현용기록의 처리를 완료함으로써 정부의 이용가능성을 보장하고 영구보존기관으로의 이관을 쉽게 한다.

목표
　구체적으로, 위의 목적을 달성하기 위해서 다음과 같은 단계를 밟는다.
1. 4년 동안 매년 2명의 기록관리 분야 전문직 직원을 훈련시킨다.
2. 훈련을 지원하기 위해 기록관리 분야의 전문적 자원과 문헌을 확대시킬 계획을 개발한다.
3. 핵심 정책수립부서를 필두로 해서 매년 2개 정부 부처의 기록시스템을 재구조화한다.
4. 재구조화 프로그램 준수를 보장하기 위해 매달 재구조화 과정을 점검하고 보고한다.
5. 정책과 절차의 일치를 보장하기 위해 신규로 훈련받은 직원, 재구조화 직원 및 처리 직원들의 회의를 매달 개최한다.
6. 미처리 준현용기록의 적체 해소를 전담하도록 3명의 전문직 직원과 5명의 보조직 직원을 배정한다.
7. 해당 정부청사 내에 처리업무를 수행할 공간을 확보한다.
8. 준현용기록 보관용으로 사용되는 서가시스템을 일단 처리된 기록의 반납을 할 수 있도록 안정된 금속제 서가로 교체한다.
9. 처리된 준현용기록의 기술을 끝마치기에 앞서서 모든 행정시스템과 기술시스템을 점검하고 필요한 사항을 개선한다.
10. 소장기록에 대한 정보관리용 컴퓨터시스템 도입에 관한 보고서를 마련한다.

　필요한 자원 : 100,000 율도국 화폐　　　　　　　　점검일자 : 1999년 12월

표6 : 율도국 전략계획의 예

연간 업무계획(Annual business plan)

연간 업무계획은 전략계획 중 다음 한 해 동안 도전하게 될 요소들을 취하여 그것을 어떻게 달성할 것이며 어떻게 성과를 측정할 것인지를 전략계획보다 더 상세하게 결정하는 것이다.

> 업무계획은 한 해 동안 수행할 업무의 개요이다.

전략계획과 마찬가지로 연간 업무계획은 조직의 임무, 사명선언문과 목적을 설정해야 한다. 그렇지만 그것의 목표는 좀더 구체적이며, 당해연도에 관련된 것이며, 자체적인 성과척도를 가지게 된다. 그것은 당해연도 내에 달성될 한정된 단기목표이거나 장기목표의 달성을 위해 당해연도 내에 완수해야 할 단계가 될 것이다.

전략계획과 마찬가지로 업무계획은 각각의 목표를 완수하기 위해 배정되는 자원을 좀더 상세히 밝혀야 한다. 이 점에서 업무계획은 어쩔 수 없이 연간 예산 배정 과정의 구속을 받게 된다. 이용 가능한 자원으로 합의된 시간 내에 달성 가능한 것이라는 점에서 업무계획은 현실적이어야 한다는 점이 중요하다.

연간 업무계획도 또한 관련 조직들의 업무계획과도 맞아야 하고 다음과 같은 몇 가지 하위계획들의 틀이 되어야 한다.

- 조직의 몇 개 부서들의 운영계획
- 직원을 위한 연간 직무계획

> 직무계획은 『기록관리의 인적・물적자원』(Managing Resources for Records and Archives Services)에서 좀더 상세히 다룬다.

업무계획의 사례 발췌

작업 프로그램 2

목표 보존

작업프로그램 공공기록의 보존

지속적 작업 우리는 다양한 매체에 담긴 기록에 대해서 출처기관에서 작성될 때부터 영국국립기록보존소(PRO) 또는 위탁기록보관소(places of deposit)[1]에서 영구 보존될 때까지 안전 보장과 물리적 보호를 하거나 감독한다. 우리는 훼손된 기록의 보수 기술을 모두 이용한다. 우리는 기록의 신중한 취급을 위한 기준을 개발하고 그 기준의 달성을 위해 직원과 이용자들을 훈련하고 모니터한다. 우리는 위탁기록보관소의 공공기록을 위한 보존 기준과 이용 시설들에 대해 합의하고 모니터한다. 우리는 원본의 손상을 최소화하기 위해서 기록의 복사를 장려한다. 기록의 원격 접근에 관한 우리의 작업 역시 원본의 보존을 촉진시킬 것이다. 작업 프로그램 3을 보라.

1999-2000년도 핵심 성과지표 타깃 KPI 1a : 기록 선정과 보존의 미터 당 단위비용. 작업 프로그램 1을 보라.

관련된 4년간 목표 KPI 3 : BS5454의 보존 및 환경기준에 대한 보관된 기록의 비율을 88.29%에서 88.45%로 증가시킨다.

표7 : 업무계획의 사례 발췌

---

[1] 영국국립기록보존소장(Keeper of Public Records Office)에 의해서 다음 세 가지 유형의 공공기록, 즉 i)특정한 지역적 관심에 따라 지역에서 작성된 기록, ii)성격이나 매체의 특성상 PRO에서는 제공할 수 없는 특수한 보존 및/또는 활용 기술이 필요한 기록, iii)자체적 아카이브스를 유지할 행정적 필요가 있는 특정 공공기록기관들의 기록을 보관하기에 적합한 것으로 지명된 곳. 영구보존 공공기록의 약 ⅙이 약 250 개의 위탁기록보관소에 보존되고 있다.

2002-03년도까지 작업프로그램상의 발전	공공기록 보존을 개선시키기 위해서 우리는,
	위탁기록보관소의 공공기록 보존 개선을 촉진시킬 것이다.
	전자기록 보존에 대한 새로운 기준과 타깃을 확립한다.
	2000-01년까지 보수 문서수를 매년 평균 10%씩 늘린다.
	현재 물리적 상태 때문에 열람 부적합으로 지정되어 있으면서 참조 요구가 높은 모든 문서들을 이용할 수 있도록 하기 위해 1999-2000년부터 5개년 프로그램을 수행한다. (Public Service Agreement)
	큐(Kew)[2]의 신규 방문 이용자들을 대상으로 보존에 대한 인식과 보존기술을 다루는 연수과정을 시험적으로 실시한다.
1999-2000년도 작업프로그램의 타깃	위탁기록보관소 50곳을 조사하여 위탁된 공공기록의 보관과 이용 시설을 모니터 한다.
	참조용 마이크로필름 기록의 수량을 10%[3] 늘린다.
	작업용 마스터 마이크로필름(working master microfilms)[4]의 보관시설을 BS 1153 : Recommendations for the processing and storage of silver-gelatin-type microfilm (BSI, 1992)의 요건을 충족시키도록 업그레이드한다.

표7 : 업무계획의 사례 발췌(계속)

---

[2] 영국국립기록보존소 본부가 위치한 곳. 대부분의 원본 공문서는 이곳에서 열람이 가능하다(역자 주).
[3] 마이크로필름화 프로그램이 가속화될 것이며, 타깃은 증가할 것이다. p.3, no.4를 보라.
[4] 기록보존소에서는 영구기록을 담고 있는 마이크로필름의 영구보존을 위해서는 3종류의 마이크로필름을 생산한다. 원본으로부터 직접 생산된 제1세대 필름인 master negative는 가능한 한 완벽한 보존환경 속에서 보존된다. master negative로부터 생산된 제2세대 필름인 duplicate negative (또는 print-master negative)는 use copy를 생산하기 위한 작업용 마스터(working master)로 쓰인다. 제3세대 필름인 use copy(또는 service copy)는 기록이용자들에게 활용시키기 위해 작업용 마스터 필름으로부터 복제한 것이다(역자 주).

1999-2000년도 직원훈련과 개발의 우선사항	보존활동 지원을 위해 정보통신 응용과 프로젝트관리 기법을 훈련한다. 외부 접촉을 통해 습득한 지식과 기법을 보존 분야에 전파한다.
핵심 기능 (부록 1을 보라)	2.1, 2.2, 2.3, 4.3
관련 부서	Archive Inspection Services, Conservation, Document Services, Estates and Central Services, Records Management, Preservation Services (lead), Reader Information Services

예산

	1999-2000년	2000-01년	2001-02년	2002-03년
직원수	63.89	63.89	63.89	63.89
인건비(단위 £1000)	1,421	1,421	1,421	1,421
기타비용(단위 £1000)	11,712	11,712	11,712	11,712
수입(단위 £1000)	-274	-274	-274	-274
총비용(단위 £1000)	12,859	12,859	12,859	12,859

표7 : 업무계획의 사례 발췌(계속)

저작권자의 허락을 얻어 UK Public Record Office, *Corporate Plan 1999-2000 to 2002-2003 and Business Plan 1999-2000*, pp. 16-17을 재수록

요약

제2과에서는 전략적 관리를 정의하고 이를 운영관리와 비교했다.

또 전략계획을 수립하는 과정을 개략적으로 설명했는데, 그 단계는 다음과 같다.

- 조직의 임무를 확인하고 사명과 목적을 정의한다.
- 조직의 강점과 약점, 그리고 조직이 당면한 기회와 위협을 평가한다.
- 조직이 당면한 전략적 이슈들을 확인한다.
- 측정 가능한 목표들로 이루어진 전략적 프로그램을 개발한다.
- 미래에 대한 비전을 확정한다.

이 과에서는 또 이 과정을 통해 만들어지는 전략계획을 그것에 의해 좌우되는 여러 가지 단기계획들과 연계시켰다.

학습문제

1. 전략적 관리와 운영관리를 정의하라.

2. 왜 전략적 관리가 중요한가?

3. 전략계획을 정의하라.

4. 전략계획에 중요한 네 가지 요소를 설명하라.

5. 전략계획에 포함된 과정을 설명하라.

6. 임무와 사명선언문을 정의하라.

7. 이해당사자는 누구인가?

8. 팀 빌딩이란 무엇인가?

8. 브레인스토밍이란 무엇인가?

9. 목적을 정의하라.

10. 달성가능하고 효과적인 목적이 되기 위해서 가져야 할 네 가지 속성을 설명하라.

11. SWOT 분석이란 무엇인가?

12. SWOT 분석의 목적은 무엇인가?

13. 전략적 이슈란 무엇인가?

14. 목표란 무엇인가?

15. 효과적인 목표가 되기 위해서 가져야 할 네 가지 속성을 설명하라.

16. 성과척도를 정의하라.

17. '성공의 비전'이란 무엇인가?

18. 연간 업무계획이란 무엇인가?

연습 : 조언

연습 8

전략계획을 세우기가 어려웠던 경험을 가진 사람들이 많이 있다. 이는 대체로 그 과정이 논리적 결론으로까지 이르지 않았거나 자원의 이용가능성이나 시간적 타당성에 대해서 비현실적인 예측을 했기 때문이다. 전략계획의 수립은 완전하고 철저하게 하지 않으면 무용지물이다. 구체적이고 제한된 활동들에 대한 전략계획을 개발하고 각각의 계획에 의거하여 장기간에 걸쳐 전반적 변동이 이루어지도록 할 수 있다. 단지 전략계획 수립 과정에 대해 한번 나쁜 경험을 했다고 해서 이를 무시하지 않는 것이 중요하다.

연습 9

예를 들어서, 중앙정부 내의 기록보존소(archival facility)의 사명은 다음과 같은 것이 될 수 있다.

> 국립기록보존소의 사명은 중앙정부의 공공기록과 관련 비정부 기록을 기록관리전문직의 최고 기준에 의거해서 평가, 선정, 수집, 정리 및 기술, 보존하고 이용시키는 것이다. 그렇게 함으로써 중앙정부의 활동, 계획, 프로그램 및 기능이 완전하게 문서화되고 정부와 국가의 역사가 지속적인 정부 업무와 공공 연구의 지원을 위해 이용될 수 있도록 보장할 수 있다.

연습 10

처리일정표 작성 과정을 한 가지 사례로 이용할 수 있을 것이다. 이 과정의 주요 산출은 완성된 처리일정표이다. 이 산출을 이용하는 사람들은 처리일정표에 포함된 특정 기록 시리즈의 생산자와 보관자들이다. 처리일정표를 작성하는 데는 많은 정보가 투입된다. 기록에 관한 정보, 활용률과 활용유형과 활용기간에 관한 정보, 법률이나 규정상의 요건과 재정적 요건 및 영구기록 보존 요건에 관한 정보 등이다. 이런 정보를 제공하는 사람들을 공급자로 간주할 수 있다. 예를 들어서 기록관리자들은 기록에 관한 정보를, 기록생산자들은 기록 활용에 관한 정보를, 그리고 아키비스트들은 영구기록 보존 요건에 관한 정보를 제공한다. 기록생산자들과 보관자들은 처리일정표를 작성하지 않거나 기간 설정 과정에서 마땅히 참조해야 할 정보의 모든 다양한 공급자들로부터의 투입을 고려하지 않은 채로 기록의 보존과 처리에 관한 자의적 결정을 내릴 수 있다는 의미에서 경쟁자로 간주할 수 있을 것이다. 그러나 이런 경쟁은 보존에 관한 결정이 부분적인 정보에만 의존해서 이루어지기 때문에 산출의 질이 떨어지는 결과를 초래하게 된다.

연습11

이 연습을 통해 전략계획 수립 과정의 여러 다양한 요소들을 알 수 있고 일이 어떻게 진행되는지를 배울 수 있다. 전략계획의 예시로서는 이 과에 포함되어 있는 사례를 보라.

제3과

프로젝트 기획과 관리

제3과에서는 기록관리 분야의 관리자들에게 프로젝트 기획 및 관리의 개념과 과정을 소개한다.

> **프로젝트(Project)** : 착수, 범위와 목표, 최종 산출물, 완료와 성공 기준, 그리고 종료시점이 정해져 있는 공식적으로 확정된 일회성 사업

프로젝트는 일상적이고 반복적인 과정과 반대되는 것이다. 건물 신축, 기기 조달, 신규 시스템 도입, 또는 위와 같은 사안들의 일부나 전부를 혼합한 것 등을 들 수 있다.

프로젝트가 제 시간 내에 예산 범위 내에서 완수되고 만족스러운 결과를 얻으려면 적절하게 계획되고 관리되어야 한다. 시장에는 수많은 프로젝트 기획 및 관리 시스템이 출시되어 있는데, 프로젝트관리 소프트웨어를 포함해서 그 대부분은 개인용 컴퓨터에서 사용할 수 있다.

제3과에서는 프로젝트 기획 및 관리에 관련된 처리과정과 체제의 기본적 요소들을 요약하고 있다. 여기서는 다음 사항들의 중요성을 강조하게 될 것이다.

- 기술적 접근보다는 업무를 강조하는 것
- 사용자를 참여시키는 것
- 조직구조와 통제시스템을 이해하고 관리하는 것
- 프로젝트 작업을 단계별로 분리하는 것

1. 프로젝트에 대한 업무적 접근

프로젝트를 시작하기 전에 다음 사항을 신중하게 고려하는 것이 필수적이다.

- 프로젝트에서 기대되는 편익

- 그러한 편익을 만들어내게 될 산출

자신이 무엇을 원하는지를 모른다면, 자신이 그것을 얻었다는 것을 어떻게 알겠는가? 자신이 어디로 가는지를 모른다면, 자신이 거기에 도착했을 때 어떻게 알겠는가?

> *업무상 요구와 우선순위는 조직이 어떤 프로젝트가 우선적이고 어떤 프로젝트가 우선적이 아닌지를 식별하는데 도움이 된다.*

업무상 요구와 우선순위에 따라 어떤 프로젝트를 시작할 것인지의 여부와 그 프로젝트가 어떤 형식을 취할 것인지를 결정해야 한다. 기술적 고려사항들도 중요하지만 그것이 프로젝트를 좌우하지 않아야 한다. 그것은 이차적 고려사항인 것이다. 다음은 몇 가지 핵심적 질문사항들이다.

- 반드시 수행해야 하는가?
- 지금 수행해야 하는가?
- 수행할 여유가 있는가?
- 어떻게 수행할 수 있는가?
- 성공할 것인가?

이상과 같은 질문들은 아래의 프로젝트 시작에 관한 항목에서 더 상세하게 전개하게 될 것이다.

[연습 12]

최근에 자신이 관여했던 프로젝트가 있는가? 그 프로젝트에 관해서 간략히 기술하고 그 프로젝트가 성공한 부분과 비교적 성공적이지 못했던 부분을 각각 최소한 두 가지씩 지적하라. 당신은 그 성공과 실패의 이유를 댈 수 있는가?

---

2. 사용자의 참여

프로젝트 기획 및 관리에 대해 업무적 접근법이 채택되기 때문에 핵심적 참여자는 기술적 전문가들이 아니라 최종 산출의 사용자들이 될 것이다. 이런 점에서 사용자들은 고객이기보다는 조직의 관련된 업무 직원으로 간주된다. 물론 직원들은 언제나 고객의 요구가 무엇인지를 기억해야 한다.

사용자들은 자신들의 목적과 목표가 무엇인지(즉 자신들이 어디로 가고 싶은지)와 그것을 달성하려면 어떤 요구가 충족되어야 하는지(즉 그곳에 어떻게 도달할 것인지)를 알아야 한다. 사용자의 요구는 무조건 들어주어야 한다든가 현재의 직무를 수행하는 데 더 크고 더 새롭고 더 복잡한 방법이 반드시 해답이 된다는 말은 아니다. 예를 들어서, 만약 데이터를 처리하는 시스템이 작동하지 않는다면 컴퓨터를 도입한다고 하더라도 반드시 문제가 해결되는 것은 아닐 것이다. 사용자들은 직무에서 뒤로 물러서서 요구되는 산출을 바라보고 거기에 도착하는 최선의 방법을, 비록 그것이 직무 변동을 의미한다고 하더라도, 그려내야 한다.

그러므로 사용자는 프로젝트의 도입부터 실행까지 모든 단계에 참여해야 한다. 이 참여는 프로젝트조정위원회에 사용자위원회를 대표로 참여시킴으로써 공식화시킬 수 있다.

3. 조직구조와 통제시스템

프로젝트를 효과적이고 경제적으로 관리하려면 적절한 조직구조와 통제시스템 내에서 운영할 필요가 있다.

조직구조

조직구조는 가능한 한 단순해야 한다. 각 요소들의 책임은 신중하게 정의되고 기술되어야 한다. 다음과 같은 사람들이 조직 내에서 핵심적 역할을 하는 사람들이다.

- 조정위원회 또는 프로젝트 이사회
- 프로젝트 관리자
- 보증인 또는 품질코디네이터

- 프로젝트 팀
- 프로젝트지원 직원

조정위원회(Steering Committee)

> *조정위원회(Steering committee)* : 프로젝트에 대한 자원의 투입을 승인하고, 프로젝트의 전반적 방향을 관장하며 그 과정을 모니터하는 고위 관리자 집단

조정위원회는 프로젝트의 전략적 관리에 대한 책임을 져야한다. 위원회의 규모는 작지만 영향력이 있어야 하는데, 고위 관리자 1명(위원장 역할), 사용자 대표 1명, 고위 기술 전문가 1명 등 3명으로만 구성하는 것이 이상적이다. 이들은 프로젝트 계획을 크게 바꾸는 경우(예컨대 비용이나 시간의 과도한 초과)를 제외하고는 상부에 문의하지 않고 의사결정을 내리고 (예산 범위 내에서) 자원을 투입할 수 있을 만큼 충분히 조직 내의 고위자들이어야 한다.

일부 시스템에서는 위원회보다 이사회가 의사결정권한이 더 크다는 의미에서 '프로젝트 이사회'(project board)나 '관리 이사회'(management board) 같은 이름이 선호된다. 여기서는 좀 더 널리 쓰이고 있는 '조정위원회'라는 이름을 사용한다.

조정위원회는 프로젝트에 대해 다음과 같은 책임을 가진다.

- 프로젝트에 대한 전략적 방향 설정
- 프로젝트 위임사항과 프로젝트 계획의 승인
- 위기관리
- 허용오차범위(tolerances)에 대한 합의, 예외의 인정, 그리고 필요한 경우 프로젝트의 중단
- 진도 관리 및 활동에 대한 합의
- 프로젝트 계약의 파기

프로젝트 관리자(Project Manager)

프로젝트 관리자는 조정위원회에 대해서 프로젝트의 수행과 그 산출의 전달 책임을 가져야 한다. 그(녀)는 어떤 특정한 주제 전문성보다는 관리기술과 능력 때문에 선발되어야 한다.

프로젝트 관리자의 책임은 다음과 같다.

- 프로젝트 위임사항과 프로젝트 계획의 준비
- 프로젝트 팀의 구성, 프로젝트 팀의 목표 설정과 실행계획의 승인
- 점검사항 결정과 정기적인 중간보고서와 예외계획의 준비
- 프로젝트 최종보고서의 준비

보증인 또는 품질코디네이터(Assurance or Quality Co-ordinators)

보증인은 다음과 같은 일을 책임져야 한다.

- 프로젝트 관리자의 보좌
- 업무, 사용자 및 기술에 대한 품질기준과 승인기준의 설정
- 계획서에 대비한 성과의 모니터링

프로젝트 팀(Project Teams)

프로젝트를 수행하기 위해서는 프로젝트 팀을 구성할 필요가 있을 것이다. 팀의 규모와 구성은 프로젝트의 규모와 범위에 따라 달라진다. 프로젝트 규모가 상대적으로 작다면 프로젝트 관리자가 이끄는 단일 팀으로 충분할 것이다. 복합적인 프로젝트일수록 프로젝트의 각 부문을 담당하는 여러 개의 독립된 팀을 구성하고 각각 다른 팀 리더가 이끄는 것이 필요할 것이다.

팀 리더들의 책임은 다음과 같다.

- 기획 과정의 참여
- 프로젝트 실행 시 팀 관리

프로젝트의 기획과 관리에 필요한 모든 기술적 직책(technical posts)을 맡을만한 기술적 자격을 갖춘 인사가 조직 내에 충분하지 않다면, 공공분야의 다른 기관들로부터 적절한 인사를 차용하거나 민간부문에서 임시 컨설턴트를 고용하는 것이 좋다.

프로젝트의 일부 단계에서는 프로젝트 팀이 기자재나 서비스를 제공하는 기업체의 기술자들과 함께 일을 하게 될 가능성도 있다. 조직에 의해 고용된 모든 기술 컨설턴트들은 반드시 그런 공급업자들과 무관해야 한다는 것이 중요하다. 그렇지 않으면 조직에게 물품이나 서비스를 제공하는 기업체들과 갈등이 생길 가능성이 있다.

프로젝트 보조직원(Project Support Staff)

프로젝트 과정에서 만들어지는 서류작업을 하고 필요한 지원을 해줄 적정수의 행정 및 서무직원들이 필요할 것이다.

[연습 13]

자신이 영구기록에 대한 기술(descriptions)을 작성하기 위해 새 컴퓨터 2대와 적절한 소프트웨어를 설치하는 프로젝트의 책임을 맡았다고 가정하라. 컴퓨터와 소프트웨어는 국내의 민간기업에서 제공되며, 기자재와 소프트웨어를 설치하는 모든 작업은 당신이 속한 조직의 직원이 수행한다.

조직 내의 누구를 각각 조정위원회, 프로젝트 관리자, 프로젝트 팀으로 배정할지에 대해서 아웃트라인을 세우라.

프로젝트를 별도의 부분들로 나누어서 각각 독립된 프로젝트 팀을 만들 필요가 있는가? 동의하거나 동의하지 않는 이유는 무엇인가?

이 연습에서는 자신이 속한 조직 내의 특정 개인을 적시하지 말고 조직의 직무에 따라서 선임 아키비스트나 컴퓨터기술자 같은 해당 직위(position)를 제시하라. 만약 특정 직위가 없다면 스스로 하나를 만들어내고 왜 만들 필요가 있었는지를 설명하라.

통제시스템

프로젝트의 모든 단계에서 통제가 이루어져야 한다. 진도를 모니터하기 위한 공식적 메커니즘을 설립하는 것이 중요하다. 일련의 계획, 품질평가, 위험평가, 그리고 조직구조 내 각 해당 단계에서의 고려사항과 활동에 대한 보고서가 이 메커니즘의 중심이 되어야 한다. 이 문서들은 기획과정에서 미리 정해진 시점에 작성되어야 하며, 각 해당 주체들이 참여하는 공식적 회의에서 검토되어야 한다. 이런 보고서들은 각종 의사결정의 기본이 될 것이므로 정확하고 완전해야 한다.

계획서

계획서를 통해서 프로젝트의 범위와 그 구성요소들을 확정한다. 계획서에 의해서 다음과 같은 것들이 규정되어야 한다.

- 산출의 규격과 품질기준
- 자원의 이용가능성

- 기술적 제약
- 위험
- 재정과 시간상의 허용 오차범위

품질평가

품질평가는 공식적일 수도 있고 비공식적일 수도 있다. 그 목적은 품질기준을 지키도록 보장하고 오류를 발견하여 기록하는 것이다.

보고서

보고서는 프로젝트가 진행 중인 동안에는 미리 정해져 있는 다양한 검토시점에, 그리고 프로젝트 종료 시에 만들어져야 한다. 검토시점에서 허용오차범위의 위반이나 위반 가능성, 직원부족이나 기술적 어려움 같은 심각한 문제들이 관찰되면 프로젝트 관리자는 예외보고서(exception reports)를 적성해야 한다. 그러면 조정위원회는 예외계획(exception plan)을 수단으로 삼아서 원래 계획을 수정할 것인지 아니면 프로젝트를 중단할 것인지를 결정해야 할 것이다.

회의

프로젝트 중에 검토와 승인을 받기 위해 여러 다양한 핵심적 문서들이 준비되는 시점마다 조직구조 내의 각 주체별로 공식 회의 일정이 잡혀져야 한다. 이들 회의에 대해서는 반드시 회의록이 작성되어야 한다.

> 모든 프로젝트의 진도는 계획서, 평가, 보고서와 회의 등을 활용해서 통제되어야 한다.

4. 프로젝트의 단계

　기획과 통제의 편의를 위해서 프로젝트를 몇 단계로 나누는 것이 보통이다. 그 단계들을 한 세트의 순서대로 밟아나가지만 어떤 단계를 반복하거나 어느 단계에서 활동을 중단할 수도 있다. 큰 어려움이 생길 경우에는 전단계로 되돌아가서 반복하는 것이 특히 중요할 것이다.

　이 과의 목적상, 7단계로 이루어진 과정을 추천한다. 이 단계들은 해당되는 특정 프로젝트에 따라서 변경, 반복, 또는 제거될 수 있음을 기억하라. 여기서 열거하는 7단계는 다음과 같다.

- 착수
- 분석
- 설계
- 개발
- 집행
- 운영
- 평가

착수(Initiation)

　프로젝트가 착수되는 것은 전략계획 과정의 결과이거나 또는 변화된 규정이나 고객요구에 대한 대응일 것이다.

　이 단계에서 업무에 대한 기본적 질문이 이루어진다.

- 이 프로젝트를 수행해야 하는가? 편익은 무엇인가? 그 편익이 시간, 노력과 자원의 소비를 정당화시키는가? '망가지지 않았다면 고치려고 하지 말라'는 격언을 기억하라.
- 지금 수행해야 하는가? 우리의 전략적 우선순위에서 어느 위치에 있는가? 수행하지 않음으로써 생기는 불이익은 무엇인가?
- 이 프로젝트를 수행할 여유가 있는가? 프로젝트를 관리할 인적, 재정적, 물적 자원을 갖고 있는가?
- 어떻게 수행할 수 있는가? 어떤 기술적 옵션과 기타 옵션들이 있는가? 법률적인 제약이나 그 밖의 제약은 무엇인가?

- 이 프로젝트가 성공할 것인가? 어떤 산출을 기대할 수 있으며 어떻게 성공을 측정할 것인가? 완전한 운영상 편익을 이끌어 낼 인적, 재정적, 물적 자원을 갖추고 있는가?

만약 마지막 질문에 대한 대답이 '모른다'라면, 그 자체가 작은 프로젝트라고 할 수 있는 타당성 조사를 준비하라고 권고할 수 있을 것이다. 그런 조사는 그 프로젝트가 가치가 있는지, 그리고 만들어진 산출로부터 조직이 충분히 편익을 얻을 것인지를 결정하는데 도움이 된다.

> 프로젝트는 그것을 고려해야 하는가 여부에 대한 중요한 질문에서부터 시작되어야 한다.

일단 모든 질문에 대한 대답이 이루어지고 프로젝트에 착수한다는 결정이 이루어지면, 몇 가지 사전 활동을 할 필요가 있다. 그것은 다음과 같다.

- 프로젝트의 목적, 변수 및 예상되는 산출을 설명하는 공식적 프로젝트 착수문서를 작성한다.
- 조정위원회를 임명한다.
- 적절한 자원을 배정한다.
- 통제 메커니즘을 확립한다.
- 프로젝트 관리자와 프로젝트 팀(들)을 선발한다.
- 여기에서 설명한 모든 단계들을 포괄하는 프로젝트 계획을 마련한다.

분석(Analysis)

이 단계는 '어떻게'가 아니라 '무엇을'과 관련이 있다. 프로젝트에서 어떤 산출이 기대되는가? 그 목적은 무엇인가? 우리가 지향하는 곳은 어디인가?

이 단계에서는 다음 정보들이 수집된다.

- 사용자의 요구를 알아내고 수량화한다.
- 그런 요구들을 단지 바람직한 것보다는 필수적인 것이 앞에 오도록 우선순위에 따라 열거한다.
- 자원의 이용가능성에 대한 현실적인 평가를 한다.
- 위험을 평가한다.

- 편익을 확인하고 수량화한다.
- 기존 절차와 구조에 대한 변화의 효과를 확인한다.

> 분석을 통해 앞으로 무엇을 할 것인지를 결정한다.

이러한 분석을 통해 사용자명세서(user specification)가 만들어진다(일부 시스템에서는 이 단계를 '명세 단계'(specification stage)라고 한다). 복잡한 프로젝트에 대해서는 전면적인 기능분석이 필요할 것이다.

기능분석에 대한 좀더 상세한 논의는 『업무시스템분석』(*Analysing Business Systems*) 을 보라.

[연습 14]

예를 들어서 파일링시스템의 재구성이나 다른 사무실로 기록 이동하기 같은 소규모의 잠재적 프로젝트에 대해서 위험 평가를 수행하라. 어떤 위험들이 있는가? 프로젝트를 수행할만한 이유는 무엇인가? 누가 위험을 (가)식별해내고 (나)관리하는 책임을 맡아야 하는가?

설계(Design)

이 단계는 '어떻게'와 관계가 있는 단계이다. 어떻게 구체적인 산출을 만들어낼 수 있을 것인가? 어떻게 우리의 현재 위치에서 가고 싶은 곳으로 갈 것인가?

> 설계단계에서는 프로젝트를 어떻게 실행할 것인지를 결정한다.

이 단계에서, 사용자명세서를 만족시킬 현실적 수단들을 찾아내게 된다.

- 가능한 기술적 해결책들을 탐색한다.
- 여러 논리적 및 물리적 대안시스템들을 조사한다.
- 운영자원에 대한 수요를 예측한다.
- 현재 상황의 변동이 가져올 영향을 검토한다.
- 기술적 기준과 품질 기준을 결정한다.

규모가 큰 프로젝트에서는 이 단계의 초기 국면들이 반복될 것이다. 즉, 작업의 집행과 검토를 필요한 만큼 반복함으로써 사용자의 요구조건과 설계의 제약점들을 조화시켜서 개정된 사용자명세서를 만들어내게 된다. 또한 초기 단계에서 몇 가지 설계 옵션들이 팀에 제시될 수 있다. 그 경우 그 옵션들에 대한 비용효과분석을 수행해야 한다. 통상적으로는 효과와 비용간 균형이 가장 잘 맞는 옵션을 선택해서 완전한 개발을 하게 된다.

이 처리과정에서 상세한 설계명세서(design specification)가 나오게 된다. 그 범위는 완전히 새로운 산출의 설계에서부터 기존의 것을 개선하는 설계까지 포괄한다(예 : 영구기록보존소의 신축 또는 기존 건물의 개선과 확장). 상세한 설계명세서는 다음 단계에서 산출의 공급을 위한 계약의 기반이 될 것이다.

이러한 명세서에 연계되어야 하는 것이 각 실행단계 상호간의 중요한 관계를 보여주는 시간표이다. 다음 사례를 생각해 보라.

- 땅을 확보하기 전까지는 영구기록보존소 건축을 시작하는 것이 불가능하다.
- 건축이 완료되기 전까지는 선반과 서가 설치를 시작하는 것이 불가능하다.
- 선반과 서가가 설치되기 전까지는 영구기록을 옮겨오는 일을 시작하는 것이 불가능하다.

그런 시간표는 간단한 간트 도표(Gantt chart)로 표현할 수 있을 것이다(표8을 보라).

간트 도표 만들기와 작업순서 분석 과정은 『업무시스템분석』 (Analysing Business System) 에서 더욱 상세하게 다룬다.

개발(Development)

이 단계에서 프로젝트의 설계가 현실로 이루어지기 시작한다. 개발에는 보통 조직과 제품을 공급하는 계약자간 파트너십이 포함된다. 이 단계는 흔히 프로젝트 중 가장 긴 단계가 될 것이며 따라서 점검사항이 가장 많을 것이다.

산출은 영구기록보존소의 건축, 신규 정보기술시스템을 위한 하드웨어, 소프트웨어 및 데이터의 집합, 새로운 수리복원이나 복사기기(conservation or reporgraphic equipment)의 조달, 또는 등록시스템의 재구조화 등이 될 수 있다.

그러나 이 단계를 순전히 기술적 투입단계로 보면 안 된다. 새로운 산출을 도입함으로써 직원들의 업무방식에 큰 영향을 줄 것이다. 그러므로 업무관계와 방법에 필요한 변동이 기술적 발전과 반드시 함께 이루어지도록 준비하는 것이 중요하다.

산출이 무엇이든, 그 산출을 변화된 환경 속에서 테스트하여 사전에 결정된 기술적 기준과 품질 기준에 일치하는지와 사용자명세서를 만족시키는지를 모두 확인할 때까지 이 단계의 결론을 내리면 안 된다.

> *개발이란 설계를 실제로 시행하고 산출이 만족스러운지 확인하는 것이다.*

집행(Implementation)

이 단계는 사용자가 산출을 넘겨받아 그것의 운영과 그것에 포함된 업무관계와 방법상의 변동관리와 예상되는 편익을 성취할 준비를 하는 단계이다. 여기에는 사용자 매뉴얼 작성과 함께 새로운 절차를 수행하고 새로운 기자재를 작동하도록 직원들을 훈련시키는 일이 포함된다.

> *실행에는 훈련의 개발과 유지절차가 포함된다.*

운영(Operation)

이 단계는 프로젝트의 마지막 단계로서 이때부터 산출이 완전히 운영되기 시작한다. 예기치 못한 문제들이 이 때 발생할 수도 있지만 만약 프로젝트가 잘 계획되고 통제되어 왔다면 그것은 미세한 조정(fine tuning)만으로도 수정될 수 있는 사소한 것일 것이다.

번호	활동	개월수														
		1	2	3	4	5	6	7	8	9	10	11	12	13	14	15
		1998												1999		
		1월	2월	3월	4월	5월	6월	7월	8월	9월	10월	11월	12월	1월	2월	3월
1	자금원 구하기	xxxx														
2	자금원 확정		xxxx													
3	상세설계			xxxx	xxxx											
4	입찰서류 준비				xxxx	xxxx										
5	입찰자 수배						xxxx									
6	건축							xxxx	xxxx	xxxx	xxxx					
7	서가배열 준비											xxxx	xxxx			
8	준공검사													xxxx		
9	영구기록 옮기기														xxxx	
10	종료 및 공식 개관															xxxx

표8 : 영구기록보존소 건축과 입주를 위한 간트 도표

프로젝트 기획과 관리

평가(Evaluation)

> 평가 또는 감사는 조직의 운영을 유지하고 개선하는데
> 필수적인 부분이다.

평가의 목적은 다음과 같다.

- 하나의 기능을 관리하기 위해 확립된 내부적 통제 틀의 적절성에 관해서 검토, 증명, 평가하고 보고한다.
- 그 틀과 관련지어서 그 기능의 성과를 검토하고 평가한다.
- 경영자에게 운영의 경제성, 유효성 및 효과성에 대해 충고한다.

기본적으로 평가(감사, 검토 또는 보고서 모니터링이라고도 한다)란 성과를 측정하고, 개선의 기회를 찾아내고, 개선이나 차후 활동에 대한 권고안을 개발하는 것이다. 경영시스템에 대한 평가는 정기적으로 수행되어야 하며, 시스템의 약점을 지적할 뿐만 아니라 장점도 찾아내야 한다. 평가는 또한 법률적, 정책적 요건에 맞는 의사결정을 하는데 도움이 될 수 있다.

조직의 경영시스템을 평가하는 방법을 결정할 때 선택할 수 있는 옵션은 많이 있다. 크게 보아 다음 중 하나를 선택하게 된다.

- 외부인에 의해 수행되는 공식적이고 조직화된 평가
- 기관 내부인에 의해 수행되는 비공식적 평가

비공식적 평가는 경영시스템의 각 측면에 대한 자가진단도구로서 경영프로그램의 일상적 부분으로 수행될 수 있다.

경영시스템 평가의 목표는 밝혀진 비효율성, 비효과성 또는 기존의 법률적 및 정책적 틀과의 불일치성을 비난하는데 있지 않음을 강조하는 것이 중요하다. 기존의 문제점들을 알아내고 합리적이며 달성 가능한 해결책을 찾아내는 것이 그 목표이다. 전체 목적은 정부 자원의 건전하고 효과적인 관리를 달성하는 것이다.

> 평가는 비난을 하려는 것이 아니라 시스템을
> 개선하려고 노력해야 한다.

프로젝트에 여러 단계가 있는 것과 마찬가지로 평가에도 다음과 같은 몇 가지 단계가 있다.

- 기획
- 준비
- 평가
- 증명
- 보고
- 집행

기획(Planning)

계획 수립 단계에는 감사관(그리고 필요하다면 평가 팀)의 선정, 평가의 목적이나 범위의 결정, 그리고 경영시스템과 그 목표에 관련된 정보 수집이 포함된다. 감사관의 선택 범위는 보통 다음과 같다.

- 내부 감사관 또는 내부 직원
- 외부 감사관 또는 컨설턴트

경우에 따라서는 한 개인에게 일을 맡기기 보다는 팀제를 활용하기로 결정할 수도 있다. 그런 환경에서는 평가 팀이 만들어져야 한다. 감사관은 프로젝트 관리자의 역할을 맡아야 한다.

평가를 시작하기에 앞서서 평가의 범위와 목표를 밝히는 것이 절대적으로 필요하다. 평가는 경영시스템의 일부로서 수행되거나 또는 그 자체가 시스템으로서 수행될 수 있다. 그 범위는 반드시 분명하고 뚜렷하게 밝혀져야 한다.

일단 평가 범위가 정해졌다면 예비평가계획을 마련해야 한다. 그 계획에는 다음 사항들이 포함된다.

- 권한을 논의하기 위한 고위관리자와의 회의
- 직원, 고객 등과의 면담일정 조정
- 배경 정보의 수집
- 관리시스템을 시험, 기록, 평가하는 방법과 기법의 결정 등

평가계획은 제안된 프로젝트의 광범위한 개요를 설정하는 좀더 공식적인 프로젝트계획으

로 이어져야 한다. 여기에는 다음 사항들이 포함되어야 한다.

- 요구(평가의 대상, 평가의 목적)를 명시한다.
- 고객(부서 관리자, 지부, 부처)을 확인한다.
- 감사관이나 프로젝트 관리자(평가를 이끌어가는 사람)를 확정한다.
- 프로젝트 팀 구성원들을(그들이 가진 기술(skill set)에 대한 요약을 포함하여) 지명한다.
- 프로젝트의 주요 단계와 각 단계의 주요 사항들을 열거한다.
- 가능하고 적절하다면, 시간 계획을 세우고 비용을 예측한다.

준비(Preparation)

이 단계는 감사관이나 평가 팀이 평가받을 기관이나 기타 부서의 정책, 기능, 활동 및 절차에 더욱 익숙해지는 단계이다. 이 단계에서는 상세한 검토가 요구되는 문제점과 그 밖의 분야들을 알아내기 위해 추가적 정보를 수집하고 절차를 시험하는데 전념하게 된다.

검토과정을 준비하기 위해서는 데이터가 반드시 수집되어야 한다. 데이터를 수집하는 방법에는 문서화 과정의 검토, 개인 면담, 질문지법, 직원과의 무작위 토론, 그리고 조직의 절차나 활동의 분석 등 여러 가지가 있다.

이 단계에서는 검토를 통해 발견된 사항들, 즉 조직 내에 확립되어 있는 시스템에 관한 설명을 담은 중간보고서가 만들어진다. 중간보고서는 데이터 수집 과정에서 발견된 사항들을 제시하고, 고위관리자로 하여금 그 때까지의 진행 과정을 알 수 있게 해준다. 일단 중간보고서가 작성, 논의, 개정, 편집되고 나면 고위관리자에게 제출될 것이다. 조사 결과가 복잡할 수도 있으므로 보고서를 제출하면서 짧은 구두보고를 함께 할 필요가 있을지도 모른다. 보고서를 제출하고 구두보고를 하는 목적은 이제까지의 조사 결과를 논의하고 감사를 받은 시스템에 대한 최종 평가와 검증에 대한 승인을 구하는 것이다.

평가(Evaluation)

일단 감사를 받는 시스템에 관한 데이터가 수집되고 고위관리자가 작업을 계속하도록 승인하면 그 시스템에 대한 실제 평가가 이루어지게 된다. 평가과정 중에서 긍정적인 측면과 취약점이 모두 그 근거와 함께 밝혀져야 한다. 취약점 가운데 어떤 것들은 자원이 부적절하다거나 공간이 부족하다거나 직원들이 훈련받지 못했다거나 등의 충분한 이유가 있을 수 있다. 평가보고서는 또한 기관 또는 그 기관장을 위험에 처하게 할지도 모르는 실수, 결함 또는 위반 가능성이 가장 큰 부분들을 특별히 언급해야 한다.

경영시스템의 평가는 일회성 행사가 되어서는 안 된다. 모든 경영시스템은 정기적으로 평가를 받아야 한다. 우선, 시스템은 프로젝트 변수들과의 적합성에 대해 평가되어야 한다. 다음에는 미리 정해진 기간마다 재점검을 해서 시스템이 지속적으로 변화하는 요구를 충족시킬 능력이 있는지를 증명하고 필요한 변동과 업데이트를 권고해야 한다.

> 모든 프로젝트의 산출은 그 지속적인 성공과 타당성을 결정하기 위해 반드시 정기적으로 검토되어야 한다.

증명(Verification)

이 단계에서 감사관은 필수적인 운영상 통제, 중요한 약점과 비효율성을 심층적으로 증명하는데 노력을 집중해야 한다. 이 증명 단계는 그런 통제가 설계된 대로 운영되고 있는지와 효과적인지를 결정하고, 중요한 약점과 비효율성을 입증할 뿐만 아니라 지적된 모든 것의 원인과 효과를 결정하기 위해서 필요하다.

증명 단계에서 사용되는 기법은 다음과 같다.

- 경영과정 각각에 대한 테스트
- 경영시스템의 가능한 한 많은 측면들에 대한 직접적 관찰
- 수집된 정보에 대한 질문, 보고 및 분석
- 개별 면담 또는 제3자 면담

보고(Reporting)

보고서에는 몇 가지 목적이 있다. 정보의 전달, 진도에 대한 보고, 그리고 승인 얻기 등이다. 당연히 보고서의 수는 프로젝트의 규모에 좌우될 것이다. 어떤 보고는 구두로 이루어질 수도 있고, 일부는 회의록을 통해 문서화되기도 한다. 어떤 것은 문서로도 작성되고 동시에 구두로 보고될 수도 있다. 또 어떤 보고서는 파일에 끼우는 간단한 노트일 수도 있다. 최종 평가보고서는 모든 관련 인사들에게 배포되어야 한다.

집행(Implementation)

평가보고서가 관리자의 승인을 받는다면 다음 단계는 권고사항의 집행이 될 것이다. 기본적으로 권고사항은 경영시스템의 품질을 개선시켜야 한다.

[연습 15]

당신이 속한 조직에서는 평가가 어떻게 이루어지는가? 만약 평가가 수행되지 않는다면 프로젝트의 성공을 보장하기 위해서 또는 미래의 활동을 개선하기 위해서 어떤 절차를 취하는가? 알아낸 것들을 간략하게 기술하라.

[연습16]

이 과의 앞선 연습에서 자신이 만들어낸 가상적 프로젝트를 이용해서, 프로젝트의 7단계, 즉 착수, 분석, 설계, 개발, 운영, 평가의 각각에 포함된 작업을 생각해 보라.

각 단계에 대해서 포함되어야 할 활동이나 임무들, 제시될 필요가 있는 질문이나 고려 사항들, 그리고 그 프로젝트가 성공했음을 확인하기 위해 취할 조치들을 간단하게 기술하라.

요약

제3과에서는 프로젝트 기획과 경영시스템의 기본적 구성요소를 살펴보았다. 기술적 접근보다는 업무적 접근, 그리고 사용자 참여의 중요성을 강조했다. 조정위원회, 프로젝트관리자, 보증인, 프로젝트 팀, 프로젝트 보조직원 간의 고유하지만 상호 연계되어 있는 책임의 배분에 기초한 조직구조를 소개했다.

이 과에서는 또한 공식적인 프로젝트 계획, 품질평가, 위험평가, 보고서, 그리고 회의록이 작성된 회의에 기반을 둔 통제시스템을 제안했다.

마지막으로 이 과에서는 다음과 같은 독립된 단계로 나누어지는 계획 수립과정을 설명했다.

- 착수
- 분석
- 설계
- 개발
- 집행
- 운영
- 평가

이 과에서는 평가과정에 포함된 다음의 여러 단계들에 대해서 검토했다.

- 기획
- 준비
- 평가
- 증명
- 보고
- 집행

학습문제

1. 프로젝트를 정의하라.

2. 일상적이고 반복적인 처리과정과 구별되는 프로젝트의 특성은 무엇인가?

3. 프로젝트 기획에 대한 업무적 접근의 개념은 무엇인가?

4. 신규 프로젝트를 고려할 때 반드시 물어야 하는 다섯 가지 핵심 질문은 무엇인가?

5. 누가 프로젝트의 사용자로 간주될 수 있는가?

6. 조정위원회의 역할은 무엇인가?

7. 프로젝트 관리자의 역할은 무엇인가?

8. 프로젝트 팀의 역할은 무엇인가?

9. 프로젝트의 전 과정을 통해서 모든 단계에 확립되어야 할 통제 메커니즘은 무엇인가?

10. 전형적 프로젝트의 7단계에 대해서 각각 기술하라.

11. 프로젝트에 착수할 때 어떤 질문을 할 수 있는가?

12. 언제 기술적 기준과 품질 기준이 결정되는가?

13. 언제 위험이 평가되는가?

14. 어느 단계에서 훈련과 유지 절차가 개발되는가?

15. 언제 프로젝트의 산출이 작동되게 되는가?

16. 프로젝트 평가의 목적은 무엇인가?

17. 평가 프로젝트의 6단계를 각각 정의하고 설명하라.

18. 미래 활동에 대해서 승인을 얻는 것이 왜 필요한가?

19. 평가를 준비할 때 보고서가 중요한 이유는 무엇인가?

연습 : 조언

연습 12

사람들은 기록더미를 정리하는 일부터 식사를 준비하는 일에 이르기까지 매일 프로젝트들에 관여하고 있다. 우리가 수행하는 모든 작업들이 프로젝트 용어로 정의될 수 있다고 한다. 많은 프로젝트가 성공적인 것처럼 보이지만 어쩌면 좀더 효율적으로 수행될 수 있었을지도 모른다. 중요한 요소 중 하나는 프로젝트에 관련된 모든 사람들에게 최종 산출에 대한 강한 비전이 있음을 보장하고 기대를 분명하게 전달하는 것이다. 이 과에서 제시하는 나머지 정보는 당신이 이 연습을 하기 위해 지정한 프로젝트를 좀더 잘 수행할 수 있는 방법을 알아내고 또한 앞으로 프로젝트를 효과적이고 효율적으로 기획할 수 있게 도와준다.

연습 13

자신이 속한 조직의 성격에 따라 조정위원회, 프로젝트 관리자 및 프로젝트 팀의 업무를 수행하도록 지정한 직위들이 서로 다를 것이다. 대규모의 복잡한 기관은 컴퓨터 기자재와 소프트웨어 설치 책임을 맡는 전임의 기술직 직원을 둘 수 있다. 소규모 기관에는 그런 직원이 없을지도 모른다.

고위관리자를 조정위원회에 포함시키고 그 밖의 다른 관련자들이 프로젝트에 전념하고 프로젝트와 그 목적에 관해 잘 알도록 보장함으로써 고위관리자의 지원을 확보하는 것이 필수적이다.

연습 14

자신이 발견한 것들을 이 과에서 제공한 정보와 비교해 봄으로써 자기 조직의 절차가 여기에서 제안된 것과 다른지 알아보라.

연습 15

당신이 발견한 것들을 이 과에서 제공한 정보와 비교하라.

연습 16

일곱 단계 하나하나가 고려되어야 한다. 이 연습에 대한 자신의 답을 이 과에서 제시한 정보와 비교하고, 자신이 7단계 각각에 대해 제기된 문제에 대해 분명하게 이해하는지 확인하라.

제4과

기록관리 업무의 홍보

　제4과에서는 기록관리 고위전문직들이 정책결정자 및 고위관리자들과 함께 주요 이슈들을 제기하고 해결하는데 필요한 지침을 제시한다. 이는 모든 정부나 기업에게 정보가 전략적 자산이라는 전제에 기반을 두고 있다. 또한 건전한 정보와 기록관리가 모든 민주사회에서 필수적 구성요소라는 믿음에 기초하고 있다. 신뢰할 수 있고 정확한 정보원에 대한 접근은 법치, 시민에 대한 서비스 제공, 국민에 대한 정부의 투명성에 관심을 기울이는 정부의 최고위층에서부터 행정개혁과 효율성, 개선되고 경쟁력 있는 고객기반 서비스와 대내외적 책임성에 관심을 가지는 공공부문과 민간부문의 실무진에 이르기까지 모든 계층에게 중요하다.

　현대의 입법부, 사법부와 공공 및 민간부문 행정가 대부분이 이론적으로는 정보의 중요성을 인정하는 반면에 그 인정을 실제로 보여주는 정부나 민간부문 조직은 거의 없다. 정보와 기록이 권한위임(empowerment)의 도구보다는 권한(power)의 도구로 이용되는 일이 너무 흔하다. 정보가 컴퓨터와 동격시 되는 일이 너무나 흔하다. 고위관리자는 정보보다는 기술에 관심을 집중하는 경향이 있다. 전략적 자산으로서의 정보의 이용을 촉진하기 위해 필요한 정책들이 실현되는 경우는 거의 없다.

　이 과의 목적은 기록관리전문직들이 정책과정을 이해하고 적절한 커뮤니케이션 기술을 개발하도록 돕는 것이다. 이러한 기술은 고위관리자들과 그 밖의 이해당사자들 사이에 다음과 같은 점에 대한 인식을 높이기 위해 필요하다.

- 국가발전을 위한 자산으로서의 정보의 중요성
- 정보관리, 정보기술 및 기록관리 간의 연계

1. 정책과정(Policy Process)

　정책결정(policy making)이란 일련의 옵션들 가운데 가장 효과적이고 유익할 것을 선택하는 과정이다. 정보부재 속에서, 그리고 확실히 완벽하거나 충분한 정보가 없는 가운데 그런 선택을 해야 할 필요가 있는 경우가 자주 있다. 그렇지만 의사결정자가 정보의 존재를 모르기 때문에, 정보에 쉽게 접근할 방도가 없기 때문에, 아니면 정보에 접근하는 방법을 모르기 때문에 이용할 수 있는 정보가 없는 채로 선택을 하는 것은 그저 관리가 형편없는 것일 뿐이다. 이 과의 중심 목적은 의사결정자들로 하여금 그런 형편없는 관리에 만족해서는 안 된다는 점을 납득하도록 만들 수 있는 수단을 기록관리자들에게 제공하려는 것이다. 필요한 변화를 일으키는 주요한 수단은 효과적인 정보정책의 결정, 정보계획의 수립과 정보관리를 위한 강력한 메커니즘을 확립하는 것이다.

선택은 여러 다른 단계에서 이루어질 수 있다. 이들 단계는 전략, 전술, 정책 및 기획으로 구분된다. 이 개념들은 제2과에서 게임의 개념과 관련지어 소개되었다.

- 전략은 먼저 적절한 게임을 선택하는 기술과 관련이 있다.
- 전술은 그 게임을 이기기 위한 최선의 접근법을 선택하는 과학과 관련이 있다.
- 정책은 게임을 할 때의 행동 방법을 좌우하는 것이다.
- 기획은 전술을 일련의 움직임으로 바꾸기 위해 하는 것이다.

전략

전략은 다음 질문들을 제기한다.

- 위로부터 가해질 수 있는 모든 법적 또는 조직상의 제약들을 고려할 때, 우리는 결국 무엇을 달성하기를 원하는가?
- 우리는 무엇을 만들거나 하기로 선택하는가?
- 미래에 대한 비전은 무엇이며 어떻게 그것에 맞추어 나가는가?
- 우리의 장점은 무엇이며, 우리가 달성하기를 원하는 것과 현재의 상황을 맞추기 위해 무엇을 변화시켜야 할 것인가?

어떤 조직들은 원래와는 다른 업무를 하고 있음을, 어쩌면 우연하게, 발견하게 된다. 그런 조직은 이런 의문에 직면하게 된다. 우리는 현재 상황에서 성공적이 되기 위해서 필요한 전략적 변동을 일으켰는가?

예를 들어서, 국립기록보존소는 원래 그 나라의 30년 이상 된 역사적 기록을 주로 보존하기 위해 설립되었다. 그러나 세월이 지나면서 기록관리기관이 정부 내의 전반적 기록관리를 책임지게 되었다. 그 기관의 업무는 변하였으며 이제는 새로운 임무들을 완수하기 위해서 그 목적을 재검토하고 전략적 변동을 일으켜야만 한다. 여기에는 새로운 조직구조의 확립, 새로운 직위의 신설, 책임과 기능에 대한 새로운 이해의 개발이 포함된다.

전략을 개발하기 위해서 조직은 조직의 운영을 둘러싼 법이나 규정상의 제약에 관해서 뿐만 아니라 조직이 수행하는 업무와 봉사하는 고객들에 관한 정보도 필요로 한다. 전략을 세우는 데는 조직 자체에 관한 상당한 그리고 정확한 정보도 필요하다. 즉 조직의 재정적, 인적, 물적자원과 정보 및 기술 자산, 강점과 약점들이 그것이다. 어떤 전략을 선택하든 정보는 그 전략을 추구하는데 결정적인 것이다. 그 전략을 수행하기 위해서 대내외적으로 어떤 정보를 반드시 확보해야 하는가와 그 전략을 지원하기 위해서 조직이 어떤 정보를 생산해야 하는가라는 두 측면에서 그러하다.

> 전략에는 조직이 스스로 지향하는 곳과 달성하려고 하는 바를 알도록 보장하는 것이 포함된다.

전술

전술을 결정하기 위해서는 다음 질문을 할 필요가 있다. 가고 싶은 곳이 어디인지를 안다면 그곳에 도착하는 최선의 방법은 무엇인가? 전술은 상세한 계획과 반대되는 광범위한 게임 계획이다. 전술은 분명하고 상세한 계획이 만들어지는 틀이 되는 형세(shapes)와 형식(forms)을 제공한다. 타당성 연구는 정보를 활용하고 일련의 옵션들을 개발하기 위한 여러 가지 접근법을 평가함으로써 전술적 기획의 실천으로 간주될 수 있다.

때때로 관리자들은 이런 전술적 단계를 건너뛰고 전략에서 기획으로 (또는 일부에서 지칭하듯 전략적 계획에서 운영계획으로) 직접 옮겨가기도 한다.

> 전술은 조직이 가고 싶은 곳으로 가는 방법의 결정을 포함한다.

정책

정책은 다음과 같은 의미를 가질 수 있다.

- 업무관리에서의 신중함 또는 지혜
- 여러 대안들 가운데 선택된 하나의 확정된 활동 경로나 방법

- 전반적 목표와 받아들일 수 있는 절차를 포함하는 고도의 전반적 계획

정보관리와 기록관리의 측면에서, 정책이란 최하위 수준의 파일담당 사무원에게 고위직의 동료가 일정한 범위의 비밀정보나 기록에 접근하는 것을 거부할 권위를 부여하는 것이다. 이와 마찬가지로, 현대 전자시스템이 제공하는 효율성의 혜택을 보려고 한다면 조직의 기록을 포함한 저장 정보에 대한 접근과 이용에 관한 여러 가지 기본 규칙들을 확정하기 위해서 정책들이 필요하다.

효과적인 정책결정은 다음 질문들에 대한 해답을 제공한다.

- 전략을 실행하기 위해서 전술을 확정하는데 어떤 지도원칙이나 가치를 채용할 것인가?
- '최선의 방법' 같은 말의 의미는 무엇인가?

예컨대, '최선의 서비스' 제공을 요구하는 전략적 비전에서 무엇이 '최선'인가? 가장 효과적인 서비스인가? 비용이 가장 덜 드는 것인가? 최고의 품질인가? 가장 실수가 없는 것인가? 가장 빠른 서비스인가? 또는 그런 몇 가지 품질의 결합인가? 현실적으로 '최선의 서비스'가 위의 모든 것을 동시에 이룰 수는 없으므로 무엇에 우선순위를 둘 것인가?

재정 자원과 인적 자원의 효과적 활용이 재정 자원과 인적 자원 정책의 확립을 필요로 하는 것과 마찬가지로 정보자원의 이용도 광범위한 일련의 정보정책을 필요로 한다.

> *정책은 모든 것에 우선하는 원칙들을 확립한다.*

정책과 기획이라는 용어가 때때로 서로 동의어처럼 쓰이지만, 그 점이 정책결정에서 반드시 제기되어야 할 좀더 어려운 일부 질문들을 가리게 된다.

기획

기획에는 전술, 전략 및 정책의 요건들을 합친 활동을 만드는 것이 포함된다. 이런 활동들은 일정한 시간에 걸쳐 일정한 자원수준에서 그리고 일정한 책임의 중심 내에서 일어날 것이다. 전략이 무엇이든, 적절한 시기에 적절한 종류의 정보를 확보하는 것은 의미 있는 기획에 필수적이다. 이것이 정보관리와 정보기술 분야에서 정책결정과 기획에 프로그램관리자가 그토록 중요한 이유이다. 모든 조직의 중추적 운영은 그 조직에 의해 정보(조직의 기록

포함)와 기술이 어떻게 효과적으로 이용될 것인가에 달려있다.

기록관리는 정보의 전략적 이용을 넘어서지만, 거기에서 시작해야만 한다. 업무 절차는 전략적 목적과 그런 목적을 달성하는데 있어서의 정보의 전략적 이용에서 비롯되며, 업무 활동과 처리행위는 기록을 생산해내는 업무 절차의 잔류물이다.

> *기획은 전술과 정책을 지침으로 사용해서 전략을*
> *행동으로 바꾼다.*

[연습 17]

자신이 모국의 국립기록보존소의 행정을 책임지고 있는 고위관리자라고 가정하라. 정부가 정부 전체의 기록 및 영구기록 관리에 대한 통합적 접근을 지원함으로써 국립기록보존소가 현용기록, 준현용기록과 영구기록을 책임지는 국가기록물관리기관으로 바뀌게 되었다. 당신은 정부의 기록된 정보를 전 생애주기에 걸쳐 좀더 효과적으로 관리하기 위해서 자신이 운영하는 기관을 재정의할 필요가 있다고 결정했다.

당신의 전략은 역사적 기록의 보존시설이었던 기록관리기관을 통합적 정보기관으로 재정의하는 것이다.

그 전략을 완수하기 위해서 어떤 전술들을 사용하겠는가? 적어도 두 가지 이상을 생각해 내어, 각각에 대해서 설명하고 왜 그것이 중요하다고 생각하는지 간략히 기술하라.

그러한 변동을 지원하기 위해 어떤 정책들을 선택하겠는가? 역시 적어도 두 가지 이상을 생각해 내어, 각각에 대해서 설명하고 왜 그것이 중요하다고 생각하는지 간략히 기술하라.

전술을 실천하고 전략을 완수하기 위해서 자신이 따르게 될 계획 두 가지를 생각해 내라. 역시 각각에 대해서 설명하고 왜 그것이 중요한지 지적하라.

고위관리자 참여(senior management commitment)의 달성

'고위관리자'(senior management)에 대한 유일한 정의는 없다. 실제로 이 용어는 광범위한 업무분야에서 다음과 같은 관리자들을 일컫는데 사용된다.

- 해당 업무에 대해 완전히 책임을 지는 관리자
- 해당 업무를 완수하기 위한 인적, 재정적, 물적 자원을 통제하는 관리자
- 전략 수립과 집행에 관여하는 관리자

고위관리자는 조직구조 내에서 피라미드의 정상에 있는 사람들로서 그들은 일이 이루어지게 할 수 있고 다른 관리자들에게 필요한 자원을 제공할 수 있다.

고위관리자의 기능은 다음과 같다.

- 조직의 핵심 목적과 목표를 설정한다.
- 조직문화에 영향을 미치고 관리한다.
- 정책 틀을 정의한다.
- 전략수립에 참여한다.
- 전략이 조직의 목적과 일치하도록 보장한다.
- 최종 전략에 동의한다.
- 합의된 성과수준에서 업무를 수행함으로써 전략의 집행에 책임을 진다.

모든 정책에 고위관리자의 참여가 필요한 이유는 다음과 같다.

- 고위관리자들은 일이 이루어지도록 할 권한을 가지고 있다.
- 고위관리자들은 예산통제권을 가지고 있다.
- 장관, 기타 고위관리자 및 이해당사자들과 접촉한다.
- 전략계획 내 우선순위를 보다 폭넓게 본다.

그러므로 어떤 프로젝트나 업무 운영의 성공을 보장하려면 고위관리자를 '같은 편'으로 만드는 것이 중요하다. 그것은 고위관리자들이 프로젝트나 업무 운영이 가져올 수 있는 편익에 대해 인식하도록 함으로써 가능하다.

바람직한 정보관리의 범정부적 도입을 예로 들어 생각해보자. 고위관리자들에게 다음과 같은 편익들을 보여줄 필요가 있을 것이다.

- 효율성과 유효성의 증가
- 비용의 감소
- 더욱 정밀한 책임성
- 바람직한 거버넌스
- 법치의 개선

프로젝트나 업무 운영을 어떻게 조직의 보다 광범위한 전략적 관리와 전략계획 과정에 맞추는지를 결정하는 것 역시 중요하다. 이는 프로젝트나 업무 운영의 목적과 목표 그리고 달성해야 할 결과를 명백하게 선언함으로써 가능하다.

다시 정보관리를 예로 들자면, 행정개선 프로그램이나 전략적 조정계획 내에서 정보정책이 어떻게 다음과 같은 역할을 할 수 있는지를 보여주는 것이 중요하다.

- 전략적 관리를 조직 전체의 더 넓은 전략적 목표에 통합시키는 분명한 계획 속에 설정된 조직 내의 정보관리에 대한 전략적 관점을 제공한다.
- 시간, 예산, 품질 표준 등 핵심 분야에서 효과적인 프로젝트관리를 제공한다.
- 정기적 모니터링과 진도 점검을 제공한다.

이런 전략적 관점에 대한 고위 관리자의 '참여'(signing-up)는 핵심 분야를 포괄하는 문서화된 분명한 정책선언서를 통해 이루어질 수 있을 것이다. 이 문서화된 정책은 문제의 상세한 사항들을 설명해주는 효과적 프리젠테이션에 의해 보완될 수 있을 것이다.

그 이후에는 고위관리자의 참여가 반드시 지속되어야 한다. 이런 지속적인 참여는 관리자들을 조정위원회의 일원으로 참가시키고 그들에게 정기적으로 보고하여 다음과 같은 사항들을 알려줌으로써 확보될 수 있다.

- 핵심적 발전
- 성과 타깃(performance targets)에 대비한 진도
- 장기적 목표의 달성 정도
- 업무 개선이나 비용 절감을 통한 효율성과 유효성 개선에 대한 달성 정도

> 고위관리자의 지원은 조직 내에서 전략이나 정책 변동이 성공하는데 필수적이다.

[연습 18]

연습 17에서 준비한 정보를 이용해서, 국립기록보존소를 완전하게 제 기능을 발휘하는 통합적인 국가기록물관리기관으로 만들기 위해서 자신이 속한 조직의 변동을 위한 고위관리자의 지원을 어떻게 확보할 것인지를 간략히 설명하는 짧은 계획서를 작성하라. 지원을 얻기 위해 어느 고위관리자들을 접촉하겠는가? 그들에게 변동에 관한 어떤 정보를 제공하겠는가? 어떻게 그들의 참여를 지속시키겠는가?

이것이 가상적 상황임을 기억하면서 가능한 한 구체적으로 기술하라. 누가 관여할지를 밝힐 때 개인이 아니라 고위관리직위를 사용하라.

2. 커뮤니케이션 기법

고위관리자이든, 기타 의사결정자나 고객이든 사람들에게 영향을 미치는 것은 커뮤니케이션을 잘 하는지 여부에 좌우된다. 변동에 대한 제안은 그것이 적절한 방식으로 제시되지 않는다면 관심을 끌지 못할 것이다. 관리 책임을 가진 사람들은 일련의 커뮤니케이션 기법을 개발하는 것이 필수적이다. 그런 기법들 중 일부를 아래에서 다루고 있다.

> 훌륭한 커뮤니케이션은 훌륭한 관리와 효과적인
> 조직변동에 필수적이다.

조직문화의 이해

관리자가 일하고 있는 조직의 '문화'에 대한 이해의 중요성을 강조하는 것은 가치가 있다. 이 상황에서 문화는 단지 그 특정 조직에서 일이 이루어지는 방법을 의미한다. 관리자는 그 문화에 민감해야 하고 변동을 관리하는 그(녀)의 전략을 계획할 때 문화를 고려할 필요가 있다.

이런 조직의 문화는 다음과 같은 측면에서 분명히 드러난다.

- 사람들이 어떻게 커뮤니케이션을 하는가?
- 사람들의 조직 내 역할
- 사람들이 어떻게 행동하고 옷을 입는가?
- 누가 어떤 일을 할 수 있고 할 수 없는가?
- 무엇을 말하거나 쓸 수 있고 할 수 없는가?
- 제안과 생각들이 어떻게 표현되는가?

가장 성공적인 사람들은 문화를 이해하고 자신의 상관, 동료와 부하 직원들을 다루는데 그 문화를 충분히 이용함으로써 자신의 목적을 달성하는 사람들이다.

예를 들어서, 제안을 할 때에는 다음과 같은 점을 알 필요가 있다.

- 그런 제안을 내놓는 데 적절한 채널은 무엇인가?
- 제안은 대체로 공식적인가 혹은 비공식적인가?

- 제안은 서면으로 제출하는 것이 통상적인가?
- 사람들은 새로운 계획이나 신중하게 마련된 제안을 보았을 때 떠오른 생각에 대해 듣기를 기대하는가?

> 조직의 문화에 대한 이해는 성공적인 변동관리에 중요하다.

적절한 말을 쓰는 것이 중요하다. 조직내외에 존재하는 비공식 네트워크에 대해 아는 것도 역시 중요하다. 조직문화를 이해한다는 것은 단순히 조직도표를 보는 것으로는 충분하지 않다.

성공이나 실패는 궁극적으로 이처럼 사소해 보이는 점들을 올바로 아는 것에 의해 좌우된다. 예를 들어서, 관리자가 전에 만난 적이 없는 상관에게 프리젠테이션을 하는 과정을 생각해 보자. 대부분의 문화에서 상관의 성이 아닌 이름을 부르는 것은 잘못일 것이지만 그(녀)를 'sir'나 'madam'으로 호칭하는 것도 마찬가지로 부적절한 것으로 간주되는 문화도 많다. 관리자의 실제 주장이 얼마나 설득력이 있는가에 관계없이 그런 사소한 실수가 성공을 망칠 것이다.

인정받는 행동 방식을 반드시 따라야 한다는 말은 아니다. 때로는 새로운 접근법이 무엇보다도 가장 효과적이 될 수 있다. 그렇지만, 대단히 중요한 사실은 규범으로부터의 이탈은 모두 주요 이해당사자들과 직원들의 자문을 거치고 그 새로운 접근법이 가져올 효과를 고려한 후에 취하는 의식적이고 의도적인 결정이어야 한다는 점이다.

[연습 19]

자신이 속한 조직의 '문화'에 대해 간략하게 기술하라. 격식을 차리는 문화인가 아니면 격식을 차리지 않는 문화인가? 고위관리자들과의 커뮤니케이션이 잘 이루어지는가 혹은 정보를 얻기가 어려운가? 프리젠테이션은 미리 잘 계획되는가 아니면 '즉석에서' 이루어지는가? 조직이 '전통적'인가 아니면 '진보적'인가?

보고서 작성

보고서 작성은 중요한 커뮤니케이션 기법이다. 이는 모든 계층의 직원들과의 커뮤니케이션에서 유용하지만 특히 고위관리자를 다룰 때 중요하다. 보고서 작성을 위해서는 언어에 대한 기본적 이해가 필요하지만, 이는 여러 가지 방법으로 습득할 수 있고 지속적으로 다듬

어질 수 있는 기술이다. 사람들이 보고서 작성 기법을 일찍 배운다면 그 기법은 잊혀지지 않고 계속해서 사용될 것이다.

보고서는 포괄적이어야 하지만 반면에 간략하고 정확해야 한다. 보고서는 거기에 담긴 정보가 정책결정 과정에서 고려될 수 있도록 제때에 전달되어야 한다. 개별 보고서의 스타일은 주제와 각 기관의 관행이 요구하는 바에 따라서 다양할 것이다. 스타일이 어떠하든 보고서는 분명하고 모호하지 않아야 한다.

가장 간단하게 말해서, 모든 보고서는 다음과 같은 기본적 요소를 갖추어야 한다.

- 목적에 대한 진술
- 사용한 방법에 대한 설명
- 조사결과의 요약
- 조사결과의 분석에서 도출해내는 몇 가지 결론
- 과거로부터 얻은 문제점들을 다루고 미래를 위한 분명한 전략을 지적해주는 몇 가지 상호 관련된 권고사항 모음

보고서가 긴 경우에는 간략한 요약본을 만들어서 바쁜 독자로 하여금 보고서 내용에 대한 전반적 이해를 할 수 있도록 하고, 어디에서 좀더 중요한 세부 사항을 찾을 수 있는지를 지적해 주는 것이 매우 유용하다.

> 보고서는 포괄적이면서 한편으로는 간략해야 한다.

프리젠테이션

프리젠테이션을 하는 것은 또 하나의 필수적 커뮤니케이션 기법이다. 여기서는 프리젠테이션을 할 때 기억해야 할 주요 사항을 개요만 간단히 제시한다. 프리젠테이션에 의한 커뮤니케이션 책임을 맡은 사람은 실무 훈련과정을 밟는 것이 이상적이다.

흥미있는 프리젠테이션을 하는 사람은 이렇게 말한다.

- 할 말을 재미있게 한다.
- 방 어디에서도 들을 수 있게 한다.
- 목소리의 속도, 음색과 크기를 변화시킨다.

- 침묵을 사용해서 문단, 문장, 구절을 구분한다.
- 문제를 제기하거나 질문에 대답함으로써 청중들을 참여시킨다.

간단히 말해서 프리젠테이션을 잘 하는 사람이란 청중들을 어떤 토픽에 대해서 전혀 새로운 방식으로 생각하게 만드는 사람이다. 프리젠테이션을 실제로 실행하는 것은 다만 빙산의 일각일 뿐이다. 대부분의 일은 사전의 준비과정에서 이루어져야 한다. 프리젠테이션을 준비하는 논리적 순서는 다음과 같다.

불안을 다스리는 방법

가장 먼저 알아야 할 것은 프리젠테이션을 하는 모든 사람들이 불안감을 느낀다는 점이다. 그러나 그것이 모두가 불안감을 나타내야 한다는 뜻은 아니다.

> 프리젠테이션을 하는 모든 사람들은 불안감을 느끼지만 훌륭한 화자는 떨리는 마음을 다스려서 그것이 드러나지 않게 한다.

대중 앞에서 말하는 것에 대한 자신의 공포를 살펴보는 것이 중요하다.

- 무엇에 대해서 불안한가?
- 근본 원인은 무엇인가?
- 일어날 수 있는 최악의 사태는 무엇인가?
- 최악의 사태가 생긴다면 어떻게 하겠는가?
- 그런 일이 어떻게 일어날 것 같은가?
- 그런 일이 일어나는 것을 방지하려면 무엇을 할 수 있는가?
- 그 영향을 최소화하려면 무엇을 할 수 있는가?

보고서와 프리젠테이션의 준비

청중 파악

토픽의 요구가 아니라 청중(프리젠테이션인 경우에는 글자그대로이고, 보고서인 경우에는 비유적이다)의 요구를 생각하라. 그렇게 하려면, 사전에 청중을 철저히 연구하는 것이 중요하다. 청중이 이미 아는 것, 알 필요가 있고 알기를 원하는 것, 그리고 일단 보고서를 읽거나 프리젠테이션이 끝나고 나서 청중이 그 정보를 어떻게 이용할 것인지를 확실히 하라.

청중과 상황에 적절한 언어를 사용하라. 보고서나 프리젠테이션을 구성원이 요구하는 바에 맞추어라. 청중에게 연관된 예시와 설명과 일화를 사용하라. 청중을 보호하는 함정에 절대로 빠지지 않도록 노력하라.

> 청중을 파악하는 것이 성공적인 보고서나 프리젠테이션에 필수적이다.

보고서나 프리젠테이션의 목표

어떤 토픽에 대한 보고서나 프리젠테이션을 준비할 때 '왜'(의도와 목표) 그리고 '누구에게'(청중)를 분명히 하는 것이 중요하다. 만약 목표가 분명하지 않으면 보고서를 시작한 사람이나 프리젠테이션을 조직한 사람에게 되물어서 확인하라.

의도와 목표가 분명하다면 다음에는 보고서나 프리젠테이션에 의해 무엇이 달성되어야 하는가에 대해 생각하라. 예를 들어서 청중은 흥미를 가지게 되거나 정보를 얻게 될 것인가, 자극을 받을 것인가 또는 설득될 것인가?

너무 많은 것을 하려고 하지 말라. 보고서나 프리젠테이션을 한 가지 특정 아이디어로 좁히도록 하라. 예를 들어서, 정보관리 문제에 관한 보고서나 프리젠테이션의 핵심 목표는 최종적으로 청중들이 정보관리와 정보기술 간의 차이를 이해하게 되는 것이다.

이런 분명한 목표가 없다면 제시된 정보가 얼마나 잘 받아들여졌는지를 측정하기가 불가능할 것이다. 목표는 방향을 제시한다. 기억하라. 만약 자신이 어디로 가고 있는지를 모른다면 거기에 도착했을 때 어떻게 알겠는가?

> 보고서나 프리젠테이션의 의도를 분명히 하라.

자료 준비

보고서나 프리젠테이션을 위한 자료 준비는 메시지의 준비와 그 전달 계획의 두 단계로 생각할 수 있다.

메시지를 준비할 때는 먼저 사실, 관심거리, 일화, 설명과 해설을 수집하고, 아이디어를 메모하고, 친구와 동료들의 도움을 받아 브레인스토밍을 하고, 아이디어를 구체화하고 나서 재평가하고, 필요하면 다른 아이디어를 덧붙여야 한다. 그리고는 중심 주제, 청중의 목표와 요구와 관련지어서 가장 관련이 깊은 자료를 선택해야 한다.

다음에는 자료를 다음 세 부류로 정리한다.

- 반드시(must) 포함시켜야 하는 정보(이것이 없으면 보고서나 말의 초점이 없어지는 것)
- 마땅히(should) 포함시켜야 하는 정보(자료에 대한 이해를 높이기 위해)
- 가능하면(could) 포함시켜야 하는 정보(공간이나 시간이 허락한다면)

보고서나 프리젠테이션의 구조는 간단하게 다음과 같아야 한다.

- 도입부 : 앞부분에서 주목을 끈다. 핵심 사항을 강조한다, 사과하지 않는다, '저는 전문가가 아닙니다'라는 말을 피한다.
- 본론 : 흥미를 유지하는 논리적 흐름
- 결론 : 간단명료할 것. 핵심사항을 반복하거나 요약할 것('그들에게 이미 말한 것을 말하라')

메시지를 구두로 전달하는 방법을 계획할 때는 다음 옵션 중에서 선택할 수 있다.

- 즉석 발언 : 미리 계획하지 않은 '즉석' 프리젠테이션은 자연스럽고 스스럼없을 수 있지만 이 방법을 쓰다보면 일부 중요한 정보를 빠뜨릴 수도 있다.
- 외우기 : 이런 종류의 프리젠테이션에는 좋은 기억력이 필요하며 방해받지 않는 환경에서 가장 잘 활용할 수 있지만 대본을 읽는 것처럼 들릴 수도 있다.
- 원고 읽기 : 이것은 학회의 논문발표 같은 프리젠테이션에 좋은 방법이지만 원고를 읽을 때 계속해서 눈을 맞추기가 어려울 수 있으며 화자의 목소리가 지루하게 들릴 수 있다.
- 원고를 보며 말하기 : 이 방법은 카드에 주요 문구를 써놓고 화자는 주기적으로 카드를 참조해서 프리젠테이션이 딴 곳으로 흘러가지 않도록 하는 것이다. 이 방법을 사용하려면 주제를 잘 알아야 하며 연습이 필요하다.

어떤 방법을 선택하든 청중들에게 논리적으로 들리게 자료를 배치하도록 주의해야 하며 속도조절에 유의하여 너무 길게 말하지 않도록 한다. 유머 사용을 고려하되 확실하지 않으면 쓰지 말라. 청중의 참여정도와 어떤 시각적 보조도구를 사용할지를 결정하라.

> 정보, 청중, 그리고 자기 자신의 말하는 스타일에 알맞은
> 프리젠테이션 방법을 선택하라.

메시지 전달

프리젠테이션을 할 때는 다음 사항을 기억하라.

- 좋은 첫인상을 준다.
- 목소리를 크게 낸다(방 뒤쪽까지 들리게 말하되 소리를 지르지는 말 것).
- 억양에 변화를 주고, 잠깐 멈추기도 하며 적절한 언어를 사용한다.
- 청중들이 계속 참여하도록 질문을 하며, 질문에 대답할 준비가 되어 있도록 한다.
- 얼굴표정을 적절하게 사용하며 계속해서 눈을 맞춘다.
- 의식적으로 몸짓 언어를 사용하고, 쓸데없는 버릇을 통제한다.

> 실제로 프리젠테이션을 할 때는 반드시 알맞은 언어를 사용하고 적절한 태도를 갖도록 한다.

시각적 보조도구의 사용

훌륭한 시각적 보조도구(visual aids)는 보고서와 프리젠테이션에 다양성, 기억성(retention), 영향력, 표현력, 명확성, 간결성과 품질 같은 많은 이점을 가져다준다. 그렇지만 그것이 프리젠테이션의 목표로부터 완전히 벗어나게 만들지 않도록 주의하라. 예를 들어서, 비디오 상영이 너무 길어지면 화자가 통제권을 잃어버리게 될 수 있다. 마찬가지로 보고서에서 차트나 그래프를 너무 많이 사용하면 원래 설명하려고 의도한 자료보다 거기에 지나치게 관심을 집중시켜서 비생산적이 될 수 있다.

시각적 보조도구를 이용하는 이유와 그 당시에 이용할 수 있는 기술(technology)에 따라서 사용할 수 있는 적당한 시각적 보조도구의 종류는 화이트보드, 흑판이나 한 장씩 넘기는 차트, 오버헤드 프로젝터 슬라이드(OHP), 비디오나 필름, 35밀리 슬라이드, 사진, 지도, 그래프와 차트, 모형 등으로 다양해질 수 있다. 시각적 보조도구 사용 여부를 결정할 때는 그 자료에서 자연스럽게 생겨나는 것이어야 함을 기억하라. 시각적 보조도구와 토픽 사이에 명백한 관련성이 없다면 단지 그것이 좋은 그래픽이라는 이유로 사용하지 말아야 한다.

> 보조도구는 반드시 품질이 좋고 깨끗하고 간단하며, 그 스타일과 포맷 면에서 일관성이 있어야 한다.

> **[연습 20]**
>
> 영구기록보존소를 역사적 기록의 보존시설에서 통합적 정보기관으로 재정의하는 자신의 업무에 대해서 고위 관리자에게 간단한 프리젠테이션을 하라는 요청을 받았다고 가정하라. 당신은 이 프리젠테이션을 통해서 통합적 기록 및 영구기록관리기관에 대한 아이디어를 '팔아서' 자신의 업무에 대한 관리자의 지속적인 지원을 확보할 수 있게 되기를 기대하고 있다.
> 1. 첫째, 자신이 하게 될 프리젠테이션의 청중을 정의하라.
> 2. 둘째, 프리젠테이션의 지향점에 대한 개요를 작성하라.
> 3. 셋째, 그 프리젠테이션에서 자신이 제시하려는 요점의 대강을 다음 사항을 포함시켜서 간략히 쓰라.
>   반드시(must) 포함시켜야 할 정보
>   마땅히(should) 포함시켜야 할 정보
>   가능하면(could) 포함시켜야 할 정보
> 4. 그 다음, 자신이 하게 될 프리젠테이션의 유형과 그 방법을 선택하는 이유를 간략하게 기술하라. 그 설명에서는 시각적 보조도구를 사용할지 여부, 사용할 시각적 보조도구의 종류와 그 이유를 밝혀라.

마케팅

한때 마케팅이란 공공부문에 전혀 상관없는 개념이었다. 그 이유는 아마도 부분적으로 그 단어가 판매, 더구나 '어려운' 판매라는 개념과 밀접하게 관련되어 있기 때문이었다. 최근 공공부문에서의 변화로 인해 거래 당사자가 서로 독립을 유지하는 관계(arms-length relationship) 그리고 상거래나 유사 상거래 관계를 크게 강조하게 되었다. 또 이 변화로 인해서 관리자들은 필요한 서비스를 어디서 확보할 것인지 또는 스스로 서비스 공급자가 될 것인지를 과거보다 더 자유롭게 결정할 수 있게 되었다. 그에 따라서 마케팅이 정부 내에서 더욱 중요한 이슈가 되었다. 공공부문의 관리자로서는 이해당사자, 고객, 고위관리자와 직원들에게 서비스와 아이디어를 '팔기' 위해서 마케팅 기법을 개발할 필요가 생겼다.

> 마케팅에는 고객의 요구를 알아내고 그런 요구가 효과적으로 충족될 수 있도록 보장하는 것이 포함된다.

관리자는 잠재적 '고객'에게 그들이 제공할 수 있는 서비스에 대해서 알려줄 수 있는 최선의 방법과 그러한 서비스가 고객의 요구를 충족시켜준다는 것을 확신시킬 방법에 관해서 진지하게 생각해야 한다. 공공부문에서는 이것이 주민에 대한 서비스, 주민의 요구를 결정하는 일, 그리고 그런 요구가 충족됨을 보장하는 일을 더 많이 강조한다는 것을 의미한다. 이것들은 모두 마케팅 전문가들이 늘 생각하는 이슈들이다.

점점 더 많은 민간부문 이외의 관리자들이 마케팅과 인연을 맺고 있다. 개인의 성격과 과거 경험에 따라서 이것이 어떤 사람들에게는 즐겁고 어떤 사람에게는 두려운 새로운 경험일 것이다. 이 과의 이 장에서는 마케팅의 핵심 요소를 소개한다.

마케팅 전략

어떤 전략이든 그것을 개발하는 출발점은 조직에 영향을 주는 외부의 힘과 조직의 내부 상황을 모두 분석하는 것이 되어야 한다. 이 분석은 일반적으로 잘 알려진 SWOT 분석, 환경 스캐닝(environment scanning)과 시장 확인(market identification)을 수행함으로써 이루어진다.

> SWOT 분석이란 내부의 강점과 약점, 외부의
> 기회와 위협을 평가하는 것이다.

SWOT분석에 대해서는 제2과에서 다루었다.

조직의 내부와 외부를 살펴보고 나면 어떤 조치를 취해야 할지를 좀더 명확하게 알 수 있게 된다. 그러한 조치는 유효성과 경제성을 개선하는 일부터 거의 사용되지 않는 산출을 포기하고 새 것을 도입하는 일에 이르기까지 어떤 것이든 될 수 있다.

마케팅 전략에 대한 바람직한 접근법은 다음과 같다.

- 현재 상황을 파악한다(강점과 약점, 기회와 위협을 조사함으로써).
- 고객(주민, 다른 기관, 자체 조직 내의 다른 부서들)을 파악한다.
- (공공부문과 민간부문 내의) 경쟁자를 파악한다.
- 어디에 다다르고 싶은지를 파악한다(예산, 시장, 산출).
- 거기에 도착할 계획을 갖는다.
- 새로운 산출의 도입과 기존 산출의 개선 혹은 중단을 계획한다.
- 자신과 경쟁자가 얼마나 잘 하고 있는지에 관한 피드백을 얻는다.
- 승리하기 위해 노력한다. 특히 마케팅에서는 패배보다 승리가 훨씬 재미있다.

공공부문에서는 팔아야 할 산출이 물품이기보다는 서비스일 가능성이 크다.

> *서비스(Service)* : 본질적으로 만질 수 없는 속성을 갖고 있으며 그 스스로는 객체의 소유권 이전을 가져올 수 없는 모든 행위. 이것의 결과는 물리적 객체나 산출에 연계될 수도 있고 안 될 수도 있다.

대부분의 마케팅에는 서비스의 요소들이 있다. 서비스는 사람에 의해 제공되므로 사람의 엄청난 중요성은 결코 과장될 수가 없다. 직원들은 지식이 풍부하고, 도움이 되고, 명랑해야 하며, 자신감을 고취시키고, 고객들이 경쟁자의 그것보다 더 높다고 인식하는 질적 수준을 갖추어야 한다.

[연습 21]

자신이 속한 기록보존소를 통합적 정보기관으로서 '마케팅'할 방안 세 가지를 제시하라. 그런 마케팅 접근법에서 '고객'은 누가 되리라고 생각하는가? 자신이 생각해 낸 마케팅 계획을 시도할 이유는 무엇인가?

고객, 공급자와 경쟁자

종합적 품질관리에서 유래한 한 가지 분석방법에는 조직의 고객, 공급자와 경쟁자를 정의하는 것이 포함된다. 이 분석을 수행하기 위해서는 다음과 같은 절차를 따라야 한다.

- 조직의 고객을 정의하라. '고객'이란 단어가 물품이나 서비스를 구입하는 사람에게만 적용되지 않는다는 점을 명심하라. 공공부문 조직과 관련해서는 이 단어를 좀더 광범위하게 사용해서 업무과정의 산출을 필요로 하거나 사용하는 모든 사람을 포괄할 수 있다. 또한 고객은 민간부문의 측면에서든 공공부문의 측면에서든 납세자 같이 조직 외부인일 수도 있고 파일 사용자 같이 조직 내부인일 수도 있다. 일명 핵심 업무과정(core business processes)이라고 알려져 있는, 조직의 사명을 직접적으로 달성하는 업무 과정들은 외부 고객을 갖게 되는 경향이 있다. 예산, 임금 지불, 기록과 정보관리 같이 핵심 업무과정을 지원하는 과정들은 내부고객을 갖게 되는 경향이 있다.

> **고객(Customer)** : 어떤 처리과정의 산출을 필요로 하거나, 그것을 이용하거나, 그것으로부터 편익을 얻는 모든 사람

• 조직의 공급자를 정의하라. 다시 한번, 여기서 '공급자'라는 단어는 전통적인 상업적 의미보다 더 넓게 사용된다. 모든 업무시스템은 산출을 만들어내기 위해서 변형을 할 수 있는 투입을 필요로 한다. 누가 조직에게 투입을 제공하는가? 고객과 마찬가지로 공급자는 조직의 외부나 내부에 있을 수 있다. 컴퓨터 판매업자가 외부 공급자의 한 가지 예가 된다면, 비품부서(stores department)는 내부 공급자로 간주될 수 있을 것이다.

> **공급자(Supplier)** : 업무과정이 기능을 하기 위해서 필요한 투입을 제공하는 모든 사람

• 조직의 경쟁자를 정의하라. 경쟁자라는 개념은 공공부문 조직에서 일하는 사람들에게는 낯설 수도 있다. 대부분의 사람들은 정부에는 경쟁자가 없다고 생각한다. 어쨌든 나라마다 정부는 오직 하나뿐이다. 그렇지만 경쟁자의 개념을 확장시키면 공공부문과 민간부문에 모두 적용시킬 수 있다.

> **경쟁자(Competitor)** : 조직, 프로젝트 또는 업무과정의 외부에서 동일한 자원(투입)을 두고 경쟁하거나 동일한 혹은 유사한 물품이나 서비스(산출)를 제공하는 모든 사람. 경쟁자는 외부인일 수도 있고 내부인일 수도 있다.

특히 공공부문과 관련해서 경쟁자를 정의하는데 관해서는 조심하도록 하는 것이 중요하다. 상업계에서는 통상적으로 경쟁자보다 잘 하는 것을 목적으로 한다. 그렇지만 공공부문에서는 반드시 그렇지는 않다. 예를 들어서, 교회 같은 조직이 정부의 사회복지부처에서 제공하는 것과 유사한 사회봉사를 제공한다면, 교회를 경쟁자로 간주하는 목적이 교회가 제공하는 봉사를 이기려는 것이 아니다. 오히려 그 목적은 보다 폭넓은 사회적 목표 달성을 위해 봉사의 제공과 자원의 배분을 합리적으로 하기 위해서 중복이 일어나는 분야를 찾아내려는 것이다.

이와 마찬가지로, 만약 경쟁자를 제거해야 할 대상으로 본다면 어떤 프로그램이나 기관을

경쟁자로 인식함으로써 조직이 가장 잘 운영될 기회를 잃어버리는 결과를 가져올 수도 있다. 무엇이 조직에 대한 최선의 이익인가를, 즉 무엇이 전체 시스템으로 하여금 최적의 상태로 기능하도록 할 것인지를 고려하도록 항상 주의를 기울여야만 한다.

[연습 22]

자신이 수행중인 처리과정 하나를 생각하라. 누가 고객인가? 누가 공급자인가? 누가 경쟁자인가?

고객관리(Customer Care)

고객이란 조직이 생산하는 물품이나 서비스를 필요로 하거나 사용하거나 그것으로부터 편익을 얻는 모든 사람이다.

고객관리란 관련된 모든 사람에게 긍정적이고 생산적인 고객과 직원간의 접촉이다. 어떤 조직에서는 정기적으로 전화로 주문을 받고 문의에 응답하거나 불만을 처리하는 전문적인 '고객서비스담당자'를 고용할 수도 있다. 그렇지만 사실은 단 일분이라도 고객과 접촉하는 모든 사람들이 고객관리에 참여하는 것이다.

이 과에서 고객이란 주민들, 다른 기관의 직원 또는 같은 기관의 동료가 될 것이다. 고객관리가 중요한 이유는 공공부문이든 민간부문이든 상관없이 바로 그것이 업무의 본질이기 때문이다. 고객이란

- 조직 활동의 방해물이 아니라 이유이다.
- 조직을 필요로 하는 사람이 아니라 조직이 필요로 하는 사람이다.

만족한 고객이란 그들이 계속해서 다시 오는 경우에는 지속적 업무를 의미하며, 고객이 다른 사람들에게 그 조직을 추천하는 경우에는 새로운 업무를 의미한다. 바람직한 업무란

- 더 높은 직무 안전성
- 더 많은 승진 기회
- 높은 급여와 후생복지(benefit)를 의미할 수 있다.

더 나은 커뮤니케이션 기법을 통해서 고객관리를 더 잘 할 수 있다. 고객과 커뮤니케이션을 잘 하는 데 바탕이 되는 것은 정보와 태도이다.

고객에 대해서 파악하는 것의 중요성은 이미 제2과에서 조직의 사명선언문 작성과 관련해서 강조한 바 있다. 종합적 품질관리 철학에 따르면, 고객의 요구가 충족되거나 그 이상이 되면 조직은 번성할 것이다. 따라서 고객의 요구에 의해서 조직이 무엇을 해야 할지가 결정될 것이다. 그러한 요구를 알아내는 일에는 고객이 어떤 물품과 서비스를 원하며 그것을 어떤 방식으로 전달받기를 원하는지를 결정하는 고객과의 상담이 포함된다.

고객의 요구에 관한 정보를 수집하는 데는 여러 가지 방법이 있다. 고객 조사(customer survey), 고객 표적 집단(customer focus groups)5), 고객들을 브레인스토밍에 참여시키기, 일정 기간동안 고객과 함께 일하거나 고객의 일을 체험해 보기 같은 것들이다. 정보 수집을 하고 있는 해당 사회와 조직의 문화적 환경에 맞추어서 그 방법을 선택해야 한다. 예를 들어서 구두 커뮤니케이션의 전통이 강하거나 직접적 접촉을 중시하는 사회에서는 우편을 통한 고객조사가 성공하기 어려울 것이다.

직원이 고객에 대해서 올바른 태도를 가져야 하는 것도 마찬가지로 중요하다. 직원의 올바른 태도란 다음과 같다.

- 긍정적인 사고방식
- 깨끗하고 단정한 차림새
- 고객을 반기는 태도
- 자신의 직무에 대한 긍지
- 솔선하는 자세
- 성실

정보가 풍부한 직원은 다음과 같은 사항에 대해 최신의 정보를 잘 알고 있다.

- 물품과 서비스의 이용가능성
- 반품, 대금 지불 등에 관한 정책
- 가격의 변동 (해당되는 경우)
- 절차의 변동

---

5) 정성적 조사(qualitative research)의 한 방법으로 특히 기업 마케팅에서 많이 사용한다. 소수의 응답자 집단(표적 집단)을 모아놓고 면담을 함으로써 대상 집단의 의견이 형성된 이유와 맥락, 세부적인 내용을 이해하는 것을 목적으로 한다(역자 주).

불만의 처리(Handling Complaints)

불만을 원만하게 처리하는 것이 중요하다. 먼저 몇 가지 '할 일'을 들면 다음과 같다.

- 관심을 보여라. 예컨대 고객을 이름으로 호칭하고 당신이 그들의 말을 듣고 있음을 알게 하라. 그들에게 당신의 이름도 알려주어라. 언제나 고객을 존중하라.
- 고객에 대한 감정이입을 나타내라. 당신이 그들의 입장이라면 어떻게 느낄까를 상상하라.
- 오해가 없도록 하기 위해서 고객이 말한 불만을 반복해서 말하라.
- 만약 문제가 있다면 이를 인정하라. '나' 또는 '그들'보다는 '우리'가 잘못했다고 말하도록 주의하고, 야기된 모든 불편에 대해서 사과하라.
- 고객에게 교환, 환불 등 어떤 보상을 원하는지를 물어보라.

마찬가지로 중요한 몇 가지 '하지 말아야 할 일'을 들면 다음과 같다.

- 방어적이 되지 말라. 불평은 당신 개인에 대한 것이 아니다. 화가 난 고객은 그날 일어난 다른 일들에 대해서 반응하고 있는지도 모른다는 것을 기억하라.
- 간단히 '아니오'라는 대답을 하지 말라. 언제나 설명을 하라.
- 무엇인가에(컴퓨터, 우편함 등) 책임을 떠넘기지 말라. 고객은 누구의 잘못인지에는 관심을 두지 않는다. 그들은 단지 해결을 원한다.
- 고객에게 명령하지 말라. '여기에 서명하시오' 대신에 '여기에 서명해주시겠습니까'라고 말하라.
- 이루어질 수 없는 약속을 하지 말라. 나중에 고객의 실망이 더 클 것이다.
- 고객을 궁금하게 내버려두지 말라. 문제가 해결될 때까지 지속적으로 편지나 전화로 중간보고를 하라.
- 유머감각을 잃지 말라. 일의 밝은 측면을 보는 것이 당신과 고객 모두의 기분을 낫게 만들 것이다. 동시에 당신이 그 불만을 가볍게 여긴다는 인상을 주지 말라.
- 불만들을 모니터하고 그것을 처리하는 목표를 가지라.

> 고객서비스는 개인에게 달려있다. 직원은 예의바르고, 긍정적이고, 일에 대해 정통하며 깨끗해야 한다.

3. 기록관리의 가치 알리기

조직의 업무 활동이 자동적으로 정확하고 유용한 기록의 생산을 가져오지는 않는다. 기록이 효과적으로 통제 관리되도록 보장하려면 잘 만들어진 전략이 필요하다. 신뢰할만한 기록이 작성되어 유지되며 필요할 때 이용자들이 이용할 수 있고 더 이상 필요하지 않은 경우 적절하게 폐기되도록 보장하기 위해서는 잘 정의된 절차와 표준이 필요하다.

조직의 변화하는 요구조건에 맞추어 기록관리시스템을 재구조화하는 데는 시간과 노력이 필요하다. 새로운 기록시스템을 설계하고 도입하는데 적절한 시간과 자원이 투자될 수 있게 하기 위해서 기록관리자들은 고위관리자의 강력한 지원을 필요로 한다. 그 투자는 편익을 가져올 것이다. 보다 나은 계획 수립과 의사결정, 비용절감, 효율성과 생산성의 증가, 업무환경의 개선 그리고 더 큰 투명성은 모두 기록관리시스템 개선의 결과이다.

각 기관들은 효과적인 기록관리가 장려되는 환경을 조성할 필요가 있다. 고위관리자는 다음과 같은 의제를 지원해야 한다.

- 조직의 요구를 만족시키는 효과적 기록업무의 개발
- 기록을 신뢰할 수 있고 이용할 수 있는 문화의 조성
- 기록관리와 기록관리자의 조직 내 역할 강화
- 합당한 기록관련 법률, 규정 및 정책의 개발과 강화
- 기록관련 기준의 정의와 실행
- 취약한 레코드키핑(recordkeeping)에 대한 훈련활동과 개선된 기록관리를 위한 유인책 제공

고위관리자의 지원을 얻기 위해서 기록관리자와 아키비스트는 좋은 기록관리의 중요성을 상급자들에게 설득시킬 필요가 있다. 이 과의 첫 부분에서는 고위관리자, 이해당사자 및 고객과의 커뮤니케이션 방법에 관해 다루었다. 이 과의 나머지 부분에서는 정부 관리들에게 전달되어야 할 전략적 이슈들을 개략적으로 다룬다. 즉,

- 국가발전을 위한 자산으로서의 정보의 중요성
- 정보관리, 정보기술 및 기록관리 간의 연계

여기에서 이런 정보를 제공하는 목적은 관리자들이 기록관리의 중요성을 설명하기 위해

서 어떤 점들을 전달할 수 있으며, 왜 고위관리자의 지원을 확보할 필요가 있는지를 이해하는데 도움을 주려는 것이다.

전략적 자산으로서의 정보

각국 정부는 오랜 세월동안 대부분의 민간부문에서 잘 알려져 있었던 것을 받아들이기 시작했다. 즉 정보가 자산이라는 것이다. 인적 자원, 재정 자원과 물적 자원이 바람직한 행정을 위해 필수적인 것과 마찬가지로 정보는 조직의 건강과 발전을 위해 중요하다. 따라서 정보는 반드시 잘 관리되어야 한다. 우수한 정보자원은 조직이나 심지어는 국가 전체가 성장하고 번영하는데 도움이 되며, 정보자원을 현명하게 개발하고 관리하지 않는 다른 조직이나 국가들에 비해서 경쟁적 우월성을 가져다 줄 수 있다. 정보와 정보기술을 국가의 중요한 전략적 자산으로 인정하는 국가는 적절한 정책, 계획과 프로그램을 개발할 위치에 있다.

정보가 잘 관리되기 위해서는 국가 차원과 기관 차원에서 단순히 정보기술만이 아니라 정보의 모든 측면을 포괄하는 일관된 정보 전략이 있어야만 한다. 그런 전략은 진공 속에 존재하는 것이 아니라 보다 광범위한 전략적 목표들과 잘 맞고 그것들을 강화시키는 것이어야 한다는 점이 대단히 중요하다. 정보와 정보기술의 지향점은 조직의 사무를 촉진하는 것(정부 기관인 경우에는 바람직한 거버넌스)이다. 정보관리는 그 자체가 목적이 아니다.

세계 각국은 공공부문과 민간부문을 막론하고 정책결정자들조차 이해하는데 어려움을 느낄 정도의 속도로 정보기술이 빠르게 밀려들어오는 것을 경험하고 있다. 실제로 이제 모든 양자간 및 다자간 원조프로젝트에는 최신의 개인용 컴퓨터 설치가 포함되고 있다. 국내 교역 촉진, 정부의 분권화, 그리고 무역, 관세 및 법률 강화를 지향하는 범세계적 네트워크에의 참여 같은 목적을 위해 근거리통신망과 원거리통신망들이 출현하기 시작하고 있다.

> 정보자원은 전 세계적으로 정부활동의 핵심적 구성요소이다.

고위관리자들은 정보문제를 컴퓨터, 디지털 데이터 또는 정보기술 측면에서 접근하는 일이 매우 흔하다. 정보의 관리를 최대한 넓은 의미에서 보는 경우, 즉 그 정보의 모든 존재형식을 포괄하는 경우는 거의 없다. 정보관리와 기록관리, 종이문서 및 종이기록과 전자문서 및 전자기록, 그리고 이상 모든 것과 정보기술 간 연계에 대한 이해가 매우 약하다. 기록과 영구기록을 모두 포함해서 자국 정보자원의 범위와 성격을 분명히 이해하고 있는 정부는 거의 없다.

이와 마찬가지로, 어떻게 정보관리와 정보기술 도구들이 실제로 채택되고 있는지에 대해 거의 알지 못하는 경우가 흔하다. 사실 개인용 컴퓨터나 프린터 같은 정보기술 도구들을 얼마나 많이 갖고 있는지 또는 어떤 종류를 갖고 있는지조차도 모르는 정부와 조직들이 많다. 전략적 자산으로서의 정보의 이용에 대한 분명한 정책과 계획이 없다면 정보의 효과적 이용이 유일한 목적인 정보기술을 어떻게 효과적으로 이용하겠는가?

조직, 부처 및 국가 차원에서 기술에 대한 투자비용조차도 제대로 이해되고 있지 않다. 많은 국가에서는 정상적인 조달절차를 통해서가 아니라 개발원조 프로젝트의 일부로 대부분의 기술을 획득되고 있다. 그런 경우에 기술이 무료라고 여겨질 수 있다. 최고관리자는 기술의 유지와 향후 향상의 결과에 대해서 또는 기술 이용의 극적인 증가로 인해 업무양식과 함께 문서와 기록을 작성하고 이용하는 방법이 어떻게 변할 것인지를 거의 고려하지 않는다. 그 결과 거의 모든 정부의 국가 차원과 부처 차원에서 심각한 정책적 갭이 있으며, 이들 중요한 공공자산의 의미 있는 계획 수립을 하는 일이 거의 없다.

> 정보자원을 위한 정책이 확립되어있지 못한 정부가 많이 있다.

정보관리와 정보기술

컴퓨터가 정보문제들을 해결할 것이며 조직의 고도 발전을 이루어 줄 것이라는 믿음이 널리 퍼져 있다. 그렇지만 기술 자체가 제대로 관리되지 않는 기록시스템에 대한 해결책을 제공해주지는 않는다. 컴퓨터화 프로젝트의 성공여부는 정확한 기록의 이용가능성에 달려 있다. 붕괴되거나 부적절한 종이기반 시스템 위에다가 컴퓨터화된 시스템을 구축하려는 시도는 필연적으로 신뢰할 수 없는 기록과 낭비되는 자원이라는 결과를 초래할 것이다. 특히 전자기록이 신뢰성과 진본성을 가지고 오랜 시간 후에도 증명할 수 있는 증거능력을 가지려면 효과적으로 관리될 필요가 있다.

비록 전자환경에서 기록을 유지하는 기본 원칙이 종이 환경과 같다고 하더라도 전자기록을 관리하는데 필요한 기법은 다를 것이다. 기록관리전문직과 정보기술전문가들이 긴밀하게 협력할 필요가 있다.

정보기술을 위한 예산 배정과 정보기술 확보의 중요성을 인정하는 한편, 정보관리와 정보기술에 대한 좀더 포괄적인 정책과 계획 수립 문제에 고위층의 관심을 집중하는 것이 필수적이다. 정보를 기술로부터 분리시키는 것이 중요하다.

기록관리의 전략계획

정보관리(Information Management, IM)라는 용어는 흔히 정보기술(Information Technology, IT)이라는 용어와 동의어로 사용된다. 그러나 이 두 용어를 구별하는 것이 대단히 중요하다. 대부분의 조직은 전자(IM)에는 취약하면서 후자(IT)에 너무 많이 집중하고 있다. 그 결과 관리와 운영정보 요구보다는 단기적인 기술적 관심이 관리상의 관심과 자원배분 및 관련 의사결정을 독점하고 있다.

정보관리

> *정보관리(Information management)* : 조직의 업무를 지원하기 위해 조직의 정보자원에 대한 계획을 수립하고, 통제하고, 이용하는 것. 정보자원관리(information resources management)라고도 한다.

정보관리는 특정한 업무상 목적을 위한 정보의 효과적 이용과 조직 내외에서의 정보공유와 재활용을 위한 관리를 촉진한다. 공공부문이나 민간부문 조직에서 정보관리를 수행한다는 것은 조직의 사명, 목적과 목표를 이해하고 분석한 후 그것을 지원하는 정보시스템을 개발하는 것이다.

> *정보시스템은 조직의 사명, 목적과 목표를 지원해야 한다.*

이 과정에는 업무시스템분석을 이용해서 하향식으로 조직의 정보체제를 개발하는 것이 포함된다. 업무시스템분석에서는 다음 사항들을 조사한다.

- 조직의 궁극적 지향점 혹은 사명
- 조직의 목적과 목표
- 주요 업무 분야(운영, 인적자원, 재정)와 지원업무 과정(직원채용)과 하위 과정(신원조회)
- 그 과정에서 필요하고 생산되는 정보
- 정보를 정리하는 분류 항목(통신문, 보고서, 데이터베이스)

정보관리가 중요한 이유는 정보자산에 대한 지적인 또는 논리적인 통제를 촉진하기 때문이며, 이는 전략적 목적달성을 지향하는 정보의 효과적 관리에 필수적이다. 이 점에서 정보관리는 상향식 접근방법을 취하며 정보 자체의 지적 통제에 대해서는 적절한 관심을 두지 않고 정보매체의 물리적 통제에 초점을 맞추는 경향이 있는 기록관리와 구별된다.

상향식 접근방법이 발전한 이유는 부분적으로 매우 최근까지 기록된 정보 대부분이 종이문서 형태를 취해왔기 때문이다. 이제 디지털정보시스템으로 인해서 종이가 아닌 디지털형식으로(비록 최종적으로는 정보를 읽기 위해 종이에 인쇄한다고 하더라도) 훨씬 더 강력하고, 효율적이며 효과적으로 정보를 관리할 기회를 누리고 있다. 이 새로운 접근법은 조직의 기록이 조직의 목적을 추구하는 업무 과정의 본질적 부분으로 다루어지도록 보장해야 한다는 측면에서 기록 및 영구기록시스템 관리자들에게 도전과 동시에 기회가 되고 있다.

업무시스템을 분석하는 방안 관한 더 많은 정보는 『업무시스템분석』(Analysing Business Systems)을 보라.

정보기술

정보기술에 대한 높은 수준의 정의는 다음과 같다.

> ***정보기술(Information technology)*** : 대량의 정보를 한 곳에서 다른 곳으로 효율적이며 안전하게 옮기는데 필요한 하부구조

실무적으로는 정보기술을 정보의 포착, 처리, 배포 및 저장을 위한 컴퓨터와 통신기술의 적용으로 이해하는 것이 더 쉬울 것이다.

정보기술은 불과 몇 년 전에 비해서 정보관리를 훨씬 더 잘 할 수 있도록 만들어주기는 하지만 정보관리와 혼동해서는 안 된다. 기술을 하찮게 여기는 것이 아니다. 오히려 그 반대로, 조직이 어떻게 정보자원을 가장 효과적으로 조직하고 이용할 수 있는지를 이해해야 하는 것과 마찬가지로 그러한 정보자원을 가장 잘 다루고 유지할 각 부문의 정보기술들도 개발해야 한다.

간단히 말하자면, 정보란 '무엇'에 관한 것이고, 정보관리는 '왜'에 관한 것이며, 정보기술은 '어떻게'에 관한 것이다.

정보관리와 기록관리의 연계

마지막으로, 고위관리자의 마음속에 정보관리와 기록관리의 관계를 정립시키는 것이 필수적이다.

> ***기록(Records)*** : 형식이나 매체에 상관없이 (공공부문 또는 민간부문의) 조직이나 개인이 법적 의무를 다하기 위해서 혹은 업무과정의 일부로서 또는 그 증거로서 작성, 입수, 유지, 이용하는 문서
>
> ***영구기록(Archives)*** : 영구히 보존하도록 선택된 지속적 가치를 가진 기록으로서 꼭 그런 것은 아니지만 대체로는 비현용기록이다. 영구기록은 통상적으로 기록보존소에 보존된다.

고위관리자들은 정보관리와 기록관리 간의 관계에 대한 오해 때문에 어려움을 겪는다. 이 오해는 대체로 컴퓨터기반 정보기술 업무와 종이기반 기록관리 업무 사이에 엄격한 조직적 선을 그어왔던 역사적 사건의 결과이다. 정보전문직들은 전통적으로 기술에 더 많은 관심을 기울여왔다. 기록관리자와 아키비스트들은 전형적으로 매체에 더 많은 관심을 기울여왔다.

두 집단 모두 자기 전문직 외에는 잘 이해할 수 없는 전문용어들을 사용해왔고 따라서 그들의 관리자들은 그들이 맡은 책임과 관심사를 분명하게 알지 못하는 것 같다. 예를 들면, 각 집단은 똑같은 대상을 설명하는데 서로 다른 용어를 사용하거나 서로 다른 대상을 설명하는데 같은 용어를 사용하는 것 같다. 그렇지만 두 집단 모두 서로 다른 도구를 가지고 정보관리 기능을 수행하고 있다. 그들은 기술과 매체에 대한 자신들의 관심이 메시지(정보)에 대한 관심과 통합될 수 있도록 정보관리 우산 아래에서 함께 뭉칠 필요가 있다.

관련 정책들이 확립되도록 정책결정자들은 정보, 기록과 영구기록 상호간의 높은 관련성을 이해해야만 한다. 어떤 연유에서인지 관리자들은 보통 '정보'라는 용어에는 흥미를 느끼지만 '기록'과 '영구기록'에 대해서는 상대적으로 잘 알지 못하는 것 같다. 고위관리자들은 기록을 비서들이 관리하거나 또는 중앙의 기록등록소에서 관리하다가 어떤 먼 곳으로 보내져서 영구기록으로 먼지를 덮어쓰게 되는 서류들로 생각하는 경향이 있다. 기록관리는 조직상 위치, 예산상 우선순위, 그리고 인적자원에 대한 투자 면에서 낮은 자리를 차지하는 것이 전형적이다.

하지만 점점 더 많은 기록들이 전자 형태로 생산되고 있으며, 만약 그런 식으로 관리된다면, 문제의 일부분으로 남아있기 보다는 행정개혁에 대한 해결책의 일부가 될 잠재성을 가지고 있다. 어떤 것이 기록인가 아닌가를 결정하는 것은 그 저장매체나 표현매체가 아니라는 점이 가장 중요하다. 업무 과정의 산출물과 증거는 그것이 종이나 마이크로물이나 전자 형태로 생산, 저장, 표현되는가에 관계없이 기록된 정보, '기록'이다.

모든 기록이 정보의 원천이지만 그 역은 성립되지 않는다. 어떤 정보원(information sources)은 순전히 참조용 문서이기 때문에 기록으로서의 자격을 갖지 못한다. 예를 들어서『브리태니커백과사전』과 다우존스지수는 정보원이다. 이것들은 조직 내에서 컴퓨터기반 정보시스템을 통해서 또는 종이 인쇄판으로 참조될 수 있다. 이것들은 기록이 아니다. 그렇지만 이것들로부터 얻은 정보가 업무 과정의 일부로서 생산된 또 다른 문서에 포함된다면 나중에 작성된 그 문서 자체는 기록이다.

고위관리자들이 정보기술과 정보관리 간의 차이와 후자의 우위를 이해하게 된다면 정보관리시스템 내에서 기록관리가 맡을 수 있고 맡아야 할 핵심적 역할을 좀더 쉽게 이해할 것이다. 고위관리자들에게 기록관리의 중요성을 설득하기 위해서 이 과에서 소개한 주장과 기법들을 전개시키는 것이 기록관리 분야 관리자들의 책임이다.

> 기록관리자들은 고위행정가들에게 보다 광범위한 정보관리 기능의 일부로서의 기록관리의 중요성을 납득시켜야 한다.

[연습 23]

연습 20에서 자신이 작업한 것을 다시 검토하라. 연습 20에서는 기록관리기관을 역사적 기록의 보존소에서 통합 정보기관으로 재정의하는 것에 관한 프리젠테이션의 청중을 설정했다. 그리고는 프리젠테이션 지향점의 개요를 정하고 자신이 지적할 대강의 핵심사항들을 준비했다.

이번 연습에서는 앞선 연습에서 한 작업에 의거해서 자신이 속한 조직에서 보다 광범위한 정보관리 기능의 일부로서 기록관리의 중요성을 설명하는 보고서나 프리젠테이션에 사용될 짤막한 문서의 본문을 작성하라.

반드시 자신이 속한 조직을 직접 언급하도록 하라. 자신이 속한 정부나 기관이 정보자원을 좀더 효율적이고 효과적으로 관리하기 위해서 고려할 필요가 있는 이슈들을 구체적으로 언급하라. 일반적 정보는 이 과의 마지막 부분에서 제공한 정보에 의거하며, 적절한 사례나 예시들을 만들어내라.

기록의 중요성

기록과 기록이 담고 있는 정보는 조직이 업무를 수행하는데 필수적인 자원이다. 기록이 없다면 어떤 조직도 효과적으로 기능할 수 없다. 기록은 다음과 같은 일을 하는데 꼭 필요하다.

- 정책 개발과 실행
- 기획과 의사결정
- 활동의 추적
- 업무 수행의 일관성 달성
- 시민들에 대한 효과적 서비스 제공
- 더 큰 효율성과 생산성 달성
- 법률과 규정의 준수
- 조직 및 조직의 직원과 고객의 이익 보호
- 증거 불충분과 관련된 위험 감소
- 조직의 활동과 성과의 문서화

보다 넓은 의미에서 공공부문 기록은 인권보호, 법치 및 시민들에 대한 공정하고 평등한 대우를 위한 버팀목이 된다. 정부가 시민들에게 서비스를 제공하는 능력은 그 기록의 품질과 이용가능성에 기반을 두고 있다.

기록은 신뢰할 수 있고 정확한 문서상 증거를 제공하며, 기록이 없다면 어떤 정부도 그 의사결정과 활동에 대한 설명을 할 수 없다. 잘 관리된 기록은 또한 정부자원의 오용에 대한 비용효과적 억제력을 발휘할 수 있다. 예를 들면 정확하고 증명할 수 있는(auditable) 기록을 유지하는 것은 부정 방지에 도움이 될 수 있다. 예방은 부정부패나 기소에 따른 재정적, 사회적 비용보다 비용이 덜 든다.

기록은 관리, 감사관, 관심 있는 시민들과 선출된 대표자들이 정부 조직의 성과를 조사할 때 필요로 하는 증거 능력이 있는 증거를 제공한다. 기록은 법률, 규칙 및 절차의 준수여부를 기록한다. 기록과 기록이 담고 있는 증거는 정부가 신뢰 분위기를 만들어낼 수 있으며 시민의 요구에 부응하는데 최선을 다하고 있음을 보여주는 수단이 된다.

국가는 국가의 정체성을 설정하고 양성하는데 있어서, 그리고 지식기반 사회를 건설하는데 있어서 기록의 가치를 인정해 가고 있다. 일부 사회에서 특정 기록을 파괴하려는 노력(예컨대 1990년대 후반에 시에라리온, 캄보디아, 코소보에서 있었던 것 같은)은 사회의 지식기반으로서 기록이 가지는 힘에 대한 증거이다.

기록시스템이 작동하지 않는 경우

공공부문 기록시스템이 와해되거나 효과적으로 기능하지 않을 때는 정부와 시민들에게 심각한 결과가 초래된다.

- 정부의 의사결정과 활동의 기초가 되어야 할 정보를 잃는다.
- 관리들은 전임자나 기관의 기억의 덕을 보지 못한 채 그때그때 임시방편적 의사결정을 해야만 한다.
- 원하지 않는 기록들이 계속 보관되므로 자원이 낭비된다.
- 직원들은 찾을 수 없는 기록들을 소득도 없이 검색하면서 시간을 낭비한다.
- 부정을 방지할 수 없으며 의미 있는 보고와 감사를 수행할 수 없다.
- 정부활동이 투명하지 않다.
- 컴퓨터화 프로젝트는 신뢰할 수 없는 데이터를 담고 있기 때문에 실패한다.
- 시민들은 자신의 권리를 주장하거나 보호할 수 없으며 의무와 책임을 완수하라는 요구를 받을 수도 없다.
- 시민들은 정부과정에 대해 잘 알면서 공헌할 수 없다.
- 국가의 집단적 기억이 훼손된다.

오늘날 받고 있는 도전 가운데 하나는 종이와 전자형태로 생산되고 있는 엄청난 데이터와 정보로부터 업무 처리에 관한 신뢰할 수 있는 증거를 포착해내도록 보장하는 것이다. 신뢰성 있는 정보는 반드시 접근 가능해야 하며 더 이상 필요가 없을 경우에는 효과적으로 폐기되어야 한다. 취약한 레코드키핑의 효과는 실제로 정부활동의 모든 분야와 관련해서 설명할 수 있다. 다음은 예컨대 제대로 구조화되지 않은 파일링시스템이 가져올 몇 가지 결과들이다.

- 관련 문서들이 흩어져버리고 파일들에 관한 정보가 불완전하다.
- 관리들과 기록직원들이 문서를 찾고 검색하는데 시간을 낭비한다.
- 중요한 문서들이 부적절한 자료들과 뒤섞여서 파일을 이용하기 어렵다.
- 관련 없는 주제들에 관한 정보가 같은 파일 안에 뒤섞여서 업무의 순서를 따라가기 어렵다.
- 파일이 관련 없는 주제들에 관한 정보를 담고 있기 때문에 서로 다른 업무를 맡은 관리들이 동시에 같은 파일을 이용하기를 요구할 수 있다.
- 파일 제목이 모호해서 파일배열이 잘못될 수 있다.
- 파일배열의 잘못으로 인해 중요한 문서들을 분실할 수 있다.

- 파일들이 불필요하게 열리면 문구비용이 올라갈 것이다.
- 파일의 폐기에 관한 의사결정을 하기가 어려울 것이다.

특정한 유형의 기록이 제대로 관리되지 못하면 여러 가지 문제들이 일어난다. 예를 들어서, 신뢰할 수 있고 완전한 개인기록이 없다면, 연금수혜권리를 증명할 수 없고 인적 자원 계획 수립이 심각하게 악영향을 받으며 부패와 부정을 밝혀내기가 어렵다. 만약 재정기록을 제대로 관리하지 않는다면, 재정 감사를 하기가 불가능하지는 않더라도 어려우며 부패를 밝혀내기가 역시 어렵고 조직의 재정적 미래가 위험에 처할 수 있다.

[연습 24]

이 과에서 제시한 정보와 함께 『공공부문의 기록관리 : 원칙과 체계』(The Management of Public Sector Records : Principles and Context)에서 자신이 한 연습(당신이 그 책을 끝마쳤다면)에 기초해서 이 과에서 소개된 여러 고위관리자 문제를 다시 살펴보라. 그리고서 자신이 기록시스템이 좀더 효과적으로 운영되도록 재구조화 하는데 관한 토의자료(position paper)를 고위행정가에게 제출하라는 요구를 받고 있다고 가정하라.

그 토의자료에서 당신이 지적할 사항들의 개요를 쓰라. 그리고 시간이 있다면 간략하게 초안을 작성하라. 분량은 적어도 자신이 제기할 핵심 사항들을 확인할 수 있는데 필요한 만큼이 되도록 하라. 여기에서 개요를 쓴 일반적 이슈들이 자신이 속한 조직의 구체적 관심사들과 연계되도록 하고, 기록시스템의 개선이나 재구조화의 이유와 방법에 대한 사례로서 논의될 수 있는 구체적인 상황들을 밝히도록 노력하라.

요약

제4과에서는 다음 사항들을 소개했다.

- 정보를 관리하는데 관련된 정책과 계획 수립 문제
- 고위관리자, 기타 여론형성자들(opinion-formers)과 고객들에게 영향을 미치는데 필요한 커뮤니케이션 기법
- 국가발전을 위한 자산으로서의 정보의 중요성
- 정보관리, 정보기술 및 기록관리를 조직의 정보관리시스템 내에서 통합시킬 필요성을 고위관리자들에게 설득시킬 필요성

학습문제

1. '전략', '전술', '정책', 그리고 '기획'이라는 용어들의 의미를 설명하고 각 용어를 적용한 예를 드시오

2. 고위경영자의 책임과 기능은 무엇인가?

3. 정책이 작동하도록 하기 위해서 왜 고위관리자의 참여가 필요한지를 설명하시오

4. 고위관리자의 참여를 확보할 수 있는 두 가지 방도를 설명하시오

5. 조직문화의 개념은 무엇인가?

6. 조직 내의 어떤 성격들이 그 문화를 규정하겠는가?

7. 모든 보고서에 반드시 포함되어야 할 핵심 요소들을 밝히시오

8. 화자의 어떤 자질이 흥미를 유발시키는가?

9. 프리젠테이션의 청중을 파악하는 것이 왜 중요한가?

10. 프리젠테이션에서 찾아볼 수 있는 자료의 세 유형을 밝히시오

11. 프리젠테이션 스타일 네 가지를 설명하시오

12. 프리젠테이션의 구조를 설명하시오

13. 프리젠테이션의 질을 향상시키기 위해서 어떤 종류의 시각적 보조도구를 사용할 수 있는가?

14. 시각적 보조도구를 언제 이용해야 하는가?

15. '마케팅'이라는 용어를 정의하라.

16. 마케팅 전략의 목적은 무엇인가?

17. '서비스'를 정의하라.

18. '고객관리'의 개념을 정의하라.

19. 정보관리를 정의하라.

20. 정보기술을 정의하라.

21. 왜 정보가 전략적 자산인가?

22. 왜 고위경영자들은 흔히 정보관리를 정부운영의 중요한 부분으로 생각하지 않는지 설명하라.

23. 업무시스템분석의 개념을 설명하라.

24. 기록관리와 정보관리 간의 관계를 설명하라.

연습 : 조언

연습 17-23

이 연습들은 이 과에서 제공된 정보를 검토하고 그 아이디어를 자기 자신의 상황에 적용시키는 것을 도와주려는 의도를 갖고 있다. 이 과에서는 조직의 목적, 범위와 책임을 분명히 하고 필요한 변동을 일으키는 수단을 개발하는 방법을 보여주려고 노력하고 있다. 또한 자신의 아이디어를 좀더 효과적으로 전달하는 기법을 소개하고, 기록관리가 정보관리 영역의 통합적 부분이라는 메시지를 전달하는 것의 중요성을 논의한다.

가능한 한 이 연습을 끝까지 완수하도록 노력해야 한다. 그렇게 함으로써 전략과 전술 개발, 실행계획 수립 같은 중요한 관리기법을 연습할 기회를 가질 수 있기 때문이다. 또한 자신이 속한 조직의 문화를 이해하고 어떻게 고위 관리자에게 중요한 조직의 이슈들을 제시할 것인지를 생각하는 데도 도움이 된다.

'완성된' 프리젠테이션이나 보고서를 준비하고, 그것을 친구나 동료들에게 발표하는 것을 고려해보아야 한다. 자신의 아이디어를 잘 전달했는지 여부와 어떻게 하면 앞으로 자신의 프리젠테이션이나 보고서를 개선할 수 있을지에 대한 그들의 의견을 물으라. 연습은 가치가 있으며 건설적 비판은 언제나 환영받아야 한다.

연습 24

이 연습을 바람직한 기록관리의 중요성에 관한 자신의 모든 생각을 한데 모으는 기초로 이용해야 한다. 그런 생각들을 하나의 문서로 통합 정리해야 한다. 반드시 제시해야 한다고 생각하는 문제들에 대해서, 그리고 가능하다면 기록시스템의 재구조화에 활용할 수 있는 몇 가지 접근방법들에 대해서 확고한 개요를 준비하는데 충분하다고 주장할 수 있을 만큼의 시간을 이 연습에 할애해야 한다.

앞으로 이 학습프로그램의 나머지 모듈들을 공부해 나가는 동안 이 정보를 계속 이용할 수 있도록 하라. 좀더 구체적인 레코드키핑 문제들을 검토해 나갈 때 이 연습이 가치 있는 배경정보를 제공할 것이기 때문이다.

제5과

다음은 무엇을 할 것인가?

『기록관리의 전략계획』은 관리자들로 하여금 필수적인 기록관리를 계획하고 유지하는데 필요한 추가적 지식과 기법을 갖추도록 하는데 중점을 두었다.

이 모듈에서는 특히 다음 사항들을 다루었다.

- 변동관리의 핵심 이슈들
- 전략계획의 원칙과 실제
- 프로젝트관리의 원칙과 실제
- 기록관리 업무 홍보의 원칙과 실제

1. 활동의 우선순위 확립

이 모듈에서는 공공부문의 기록 및 영구기록체제와 업무의 기획, 유지 관리와 평가에 대한 원칙과 실제를 소개했다. 그러나 어떤 과업을 가장 먼저 수행해야 하는가? 무엇이 우선순위가 높고 무엇이 낮은가? 각 기관마다 현재의 발전 상태와 요구, 그리고 장단기 계획에 따라 서로 다른 결정을 내릴 것이다. 그렇지만 활동에 대한 몇 가지 권고사항을 제시하고 기관이 자신의 상황에 알맞은 기획시스템을 개발하는 것을 지원하는 일은 가능하다. 아래의 연습을 마치고 나서 제시된 제안사항을 생각해보라.

[연습 25]

이 과를 계속하기 전에, 자신이 속한 조직의 상황과 이 모듈에서 제공한 정보를 생각하라. 그 다음 자신이 속한 조직에서 전략적 관리프로그램을 집행하기 위해 설정할 우선순위 세 가지를 밝히라.

우선순위 1 핵심적 경영이슈의 확인

이것은 주로 자신이 속한 기관의 상황이 어떤지를 알아내는 과정이다.

- 기관의 임무, 사명과 목표는 무엇인가?
- 강점과 약점은 무엇인가? 어떤 기회와 위협에 직면하고 있는가?
- 기관이 직면하고 있는 전략적 이슈는 무엇인가?

우선순위 2 전략계획의 준비

자신이 어디에서부터 시작하고 있는지(기준선)를 분명히 하라. 그리고서 자신이 전략적 우선순위로 밝힌 전략적 이슈들로부터 도출되는 일련의 목표와 하위 목표들을 개발하고, 성과 달성 여부를 판단하게 될 척도들을 찾아내라.

우선순위 3 프로젝트 계획

그 다음, 자신이 속한 기관이 핵심 목표들 가운데 하나를 달성하도록 할 수 있는 프로젝트를 계획하라. 그 계획은 다음 사항들을 설정함으로써 프로젝트의 변수들과 몇 가지 단계를 확정해야 한다.

- 산출과 품질 표준의 명세
- 자원의 이용가능성
- 기술적 제약
- 위험
- 재정적 및 시간적 오차범위

우선순위 4 고위관리자의 지원 구하기

다음 단계는 고위관리자에게 효과적인 기록관리 시스템의 편익을 설득하는 것이다. 고위관리자, 이해당사자들 및 고객들 사이에 다음 사항에 대한 인식을 높이는 프로그램을 확정하라.

- 국가발전을 위한 자산으로서의 정보의 중요성
- 정보관리, 정보기술 및 기록관리 간의 연계

우선순위 5 관리시스템의 평가

조직의 관리시스템을 평가하는 데는 다음 사항이 포함된다.

- 조직이 책임을 맡고 있는 기록 및 영구기록 기능을 관리하도록 확립된 내부적 통제 틀의 적절성 점검
- 통제 틀과 관련지은 그 기능의 성과에 대한 평가
- 고위관리자에 대한 운영의 경제성, 효율성과 효과성 개선 방법의 자문

2. 도움을 받을 수 있는 곳

많은 기관들은, 특히 자원이 한정되어 있는 국가의 기관들은 전략적 관리에 관한 정보를 쉽게 접할 수 없다. 그러나 더 많은 정보를 얻거나 도움을 받을 수 있는 곳들이 있다.

> 기록관리 관련 문헌자료 및 유관 기관과 협회에 관한 정보는 『기록관리 참고문헌』(Additional Resources for Records and Archives Management)을 보라.

국가기관

각국마다 전략적 관리의 다양한 측면에 관한 조언을 해줄 수 있는 다음과 같은 국가기관들이 있을 것이다.

공무원 및 재정 책임을 맡은 부처들
전략계획과 프로젝트 기획 측면에서 자국의 관행에 대해서

국립행정연구기관(National Institute of Public Administration)
기획 문제에 관한 훈련, 자문 및 문헌에 대해서

국제기관

다음은 도움을 받기 위해 접촉할 수 있는 기관들의 이름과 주소들이다.

ARMA International Inc.(기록관리자 및 행정가 협회)

4200 Somerset Dr., Suite 215

Prairie Village, KS 66208-0540

USA

Tel : +800 422-2762 / (913) 341-3808

Fax : +913 341-3742

Email : hq@arma.org

Website : http://www.arma.org/

기록관리자 및 행정가 협회(Association of Record Managers and Administrators, ARMA International)는 미국, 캐나다를 비롯해서 30여개 국가의 1만 명 이상의 정보전문가들로 이루어진 비영리협회이다. ARMA International 회원들이 고용되어 있는 직위는 다양한데, 기록 및 정보 관리자, 정보시스템 및 자동화된 데이터처리 전문직, 이미지처리 전문가, 아키비스트, 병원 행정가, 법률 행정가, 사서, 그리고 교육자 등이다. ARMA는 자주 전략적 관리에 관한 정보를 포함해서 기록관리 분야에서의 관리 문제에 관한 정보를 출판 배포한다.

Commonwealth Association for Public Administration and Management (CAPAM : 영연방 행정 및 관리 협회)

Suite 402-1075 Bay Street

Toronto, Ontario

Canada, M5S 2B1

Tel : +1 416 920 3337

Fax : +1 416 920 6574

Email : capam@compuserve.com

Website : http://www.comnet.mt/capam/

CAPAM의 목적은 정부의 관리능력을 향상시키고 조직의 우수성을 발휘하는데 대한 영연방 국가들의 협력을 증진시키는 것이다. CAPAM은 선출직 관리와 고위 관리들, 학계 및 비정부기관들 간의 네트워크를 구축함으로써 각국 정부의 관리 측면의 새로운 발전과 혁신에 관한 경험을 교환한다. CAPAM은 행정부의 모범사례에 관한 정보를 신속하게 제공한다.

International Organization for Standardization (ISO : 국제표준화기구)

Case postale 56

CH-1211 Geneva 20, Switzerland

Tel : +41 22 749 01 11

Fax : +44 22 733 34

Website : http://www.iso.ch

ISO는 약 130개국의 국가별 표준단체들로 구성된 범세계적 연합체이다. ISO는 지적, 과학적, 경제적, 기술적 활동 면에서의 협력 개발을 돕고 상품과 서비스의 국제적 교환 촉진을 돕기 위해서 표준화의 발전을 장려한다.

ISO/TC176은 특히 품질관리와 품질보장에 관심이 있으며 ISO 9000 시리즈에서 그 주제에 관한 국제 표준을 준비해왔다. ISO의 각종 표준들은 국가표준기관들을 통해서 이용할 수 있다.

[연습 26]

자신이 속한 기관이 위에 열거한 기관들에 관한 정보를 가지고 있는지를 알아보라. 당신이 속한 기관은 이 기관들의 출판물을 입수하고 컨퍼런스나 회의에 참석하거나 협력하는가?

당신의 견해로는, 당신이 속한 기관이 어느 집단과 제일 먼저 커뮤니케이션을 고려해야 하며 그렇게 함으로써 무엇을 달성할 것으로 기대하는가? 생산적 관계를 구축하기 위해서 어떻게 노력하겠는가?

---

3. 기타 자료

경영 일반에 관해서나 특정 분야의 경영이론과 실제에 관한 출판물은 많이 있다. 어떤 출판물은 다른 것보다 더 쉽게 구할 수 있으며 어떤 출판물은 더 최신의 것이지만, 오래된 출판물들도 유용한 정보를 담고 있으며 아직 전 세계에 보급되지 않은 최신 출판물들보다 당신의 모국이나 지역에 있는 도서관에서 더 쉽게 찾을 수 있을 것이다. 이 모듈에서 다루고 있는 주제들에 관한 다음과 같은 출판물들을 주목해야 한다. 핵심 출판물에는 *표를 하였다.

> 핵심 출판물은 『기록관리 참고문헌』(Additional Resources for Records and Archives Management)에서도 찾을 수 있다. 기록관리에 관한 좀더 일반적인 출판물에 관한 정보 역시 위의 책을 참조하라.

경영

* Bradsher, JG, ed. Managing Archives and Archival Institutions. Chicago, IL : Society of American Archivists, 1991.

  Evans, Frank B and Eric Ketelaar. A Guide for Surveying Archival and Records Management Systems and Services : A RAMP Study. (RAMP Study PGI-83/WS/6). Paris, FR : UNESCO, 1983.

  Lock, Dennis, ed. The Gower Handbook of Management. 4th ed. Aldershot, UK : Gower, 1998.

  Mazikana, Peter C. Archives and Records Management for Decision Makers : A RAMP Study. (RAMP Study PGI-90/WS/8). Paris, FR : UNESCO, 1990. (UNESCO 웹사이트에 등재)

  Osborne, David and Ted Gaebler. Reinventing Government : How the Entrepreneurial Spirit is Transforming the Public Sector. New York, NY : NAL Dutton, 1993.

* Vaughan, Anthony. International Reader in the Management of Library, Information and Archives Services. (RAMP Study PGI-87/WS/22). Paris, FR : UNESCO, 1987. (UNESCO 웹사이트에 등재)

전략계획

* Bryson, John M. Strategic Planning for Public and Nonprofit Organizations. San Francisco, CA : Jossey-Bass, 1988.

성과 척도

Methven, Patricia, et al. Measuring Performance. Best Practice Guide 1. London, UK : Society of Archivists, 1993.

기록관리 업무의 홍보

D`Orleans, Jacques. The Status of Archivists in Relation to other Information Professionals in the

Public Service in Africa : A RAMP Study. (RAMP Study PGI-85/S/2). Paris, FR : UNESCO, 1985.

* Finch, Elsie Freeman, ed. Advocating Archives : An Introduction to Public Relations for Archivists. Metuchen, NJ : Society of American Archivists and Scarecrow Press, 1994.

Hachi, Omar. The Status of Archivists of Public Services in the Arab Countries : A RAMP Study. (RAMP Study PGI-86/WS/18). Paris, FR : UNESCO, 1986.

Levy, Sidney J. and Albert G Robles. The Image of Archivists : Resource Allocators` Perceptions. Chicago. IL : Society of American Archivists, 1984.

Tanodi, Aurelio. The Status of Archivists in Relation to other Information Professionals in the Public Service in Latin America : A RAMP Study. (RAMP Study PGI-85/WS/13). Paris, FR : UNESCO, 1985.

Taylor, Hugh A. Archival Services and the Concept of the User : A RAMP Study. (RAMP Study PGI-84/WS/4). Paris, FR : UNESCO, 1984.

Van Laar, Evert. The Status of Archives and Records Management Systems and Services in African Member States : A RAMP Study. (RAMP Study PGI-85/WS/3). Paris, FR : UNESCO, 1985.

커뮤니케이션

Carnegie, Dale. How to Develop Self Confidence and Influence People by Public Speaking. Cheswold, DE : Prestwick House, 1995.

Campbell, John. Speak for Yourself. London, UK : BBC Business Matters Management Guides, 1995.

Jay, Anthony. Effective Presentations. London, UK : Pitman, 1996.

평가

McCarthy, Paul H. Archives Assessment and Planning Workbook. Chicago, IL : Society of American Archivists, 1989.

[연습 27]

자신이 속한 기관의 도서관이나 자료센터를 점검하라. 기획과 평가 문제에 관해서 어떤 도서나 기타 자료를 소장하고 있는가? 위에 열거된 출판물 중 자신이 속한 기관에서 이용할 수 있는 것이 있는가? 있다면, 그 가운데 두세 종을 살펴보고 그 자료의 최신성과 자신이 속한 기관에 대한 가치를 평가하라. 만약 없다면, 당신 기관의 전문 장서를 발전 확장시키는데 가장 유용할 것이라고 생각되는 두세 종의 출판물을 지적하라. 어떻게 그 자료들을 실제로 확보할 수 있을지를 개관하는 계획을 세우라.

요약

제5과에서는 본 모듈 전체의 내용을 개관하였다. 이후 활동의 우선순위를 어떻게 설정할 것인지를 논의하였고 흔히 채택되는 주요 활동의 우선순위를 다음과 같이 제시하였다.

우선순위 1 : 기관이 당면하고 있는 핵심적 관리 문제들을 확인한다.
우선순위 2 : 전략계획을 마련한다.
우선순위 3 : 기관의 핵심 목표들 중 하나의 달성을 가능하게 할 수 있는 프로젝트를 계획한다.
우선순위 4 : 고위 관리자에게 효과적인 기록시스템의 편익을 설득시킨다.
우선순위 5 : 기관 내의 관리시스템을 평가한다.

그리고는 추가 정보를 찾아내거나 계획 수립과 평가 문제에 관한 도움을 얻을 수 있는 방법을 개관하였다. 기획과 평가에 관한 유용한 정보자료에 대한 논의로 결론을 맺었다.

다음에는 무엇을 할 것인가?

학습문제

1. 이 과에서 제시된 우선순위가 왜 이런 순서로 매겨졌는지를 자기 나름대로 설명하라.

2. 이 과에서 열거된 기관들 가운데 가장 먼저 접촉하고 싶은 두 기관을 지적하고, 그 이유를 설명하라.

3. 이 과에서 열거된 출판물 가운데 가장 먼저 구입하고 싶은 두 종을 지적하고, 그 이유를 설명하라.

연습 : 조언

연습 25

모든 기관은 전략적 관리라는 측면에서 서로 다른 발전 단계에 있을 것이다. 설정된 우선 순위는 해당 기관, 지역과 국가의 특정한 요구를 고려해야 할 것이다. 그러나 먼저 전략적 계획 수립을 통해서 해결할 수 있는 관리 문제들을 확인하고 난 다음에, 전략적 계획 수립 과정을 이용해서 긴급한 문제들을 개선하는 것이 현명하다. 전반적 변동이 일어나는 데는 오랜 시간이 걸리며, 고위관리자의 지원을 받아 점진적으로 이루어지는 것이 가장 좋다. 시작이 좋아야 그러한 지원을 얻을 수 있다.

연습 26

만약 자원이 한정되어 있다면, 먼저 국가 기관들과 커뮤니케이션을 하는 것이 현명하다. 그 기관들이 당신의 요구조건을 보다 광범위한 범정부적 맥락에서 볼 수 있기 때문이다. 그렇지만 자국 상황과 대비되는 외국의 모범 사례에 관한 정보를 얻으려면 국제기관들도 이용해야 한다. 모두를 위해 자원을 축적할 수 있는 국제단체를 통해서 가치 있는 정보가 당신이 속한 기관으로 전달될 수 있다.

연습 27

좀더 전문적인 장서를 구축하기에 앞서서 일반적 정보에서부터 시작하여 입문서와 개론서로 이루어진 훌륭한 자료실을 확보하는 것이 중요하다.

다음에는 무엇을 할 것인가?

색인 | Strategic Planning for Records and Archives Services | index |

ㄱ~ㅂ

SMART 48
SWOT 분석(SWOT analysis) 45, 98
간트 도표(Gantt chart) 71, 73
개발(development) 31, 71
갭 이론'(gap theory) 19
경쟁자(competitor) 100
경제성(economy) 10
고객(customer) 10, 99, 100
고객관리(oustomer Care) 101
고위관리자(senior management) 87, 104, 120
공급자(supplier) 100
관리기법 28, 29
관리시스템 121
기록(records) 109, 110
기록관리 105, 108
기록시스템 112
기준선(baseline) 22
기획(planning) 28, 37, 75, 84, 86
리더십 30
마케팅 97
마케팅 전략 98
목적(aim) 21, 23, 24, 44
목표(objective) 23, 24, 48
변동 16, 19
보고(reporting) 77
보고서 91, 93

ㅂ~ㅇ

보증인 65
분석(analysis) 69
불만 103
브레인스토밍(brainstorming) 43
비용효과성(cost-effectiveness) 10
비전(vision) 19, 24
사명(mission) 9
사명선언문(mission statement) 41
사용자 63
사용자명세서(user specification) 70, 71
산출(output) 10
생애주기 28
생애주기 접근법(life-cycle approach) 15
서비스(service) 99
설계(design) 70
설계명세서(design specification) 71
성공의 비전(vision of Success) 49
성과척도(performance measure) 48
시장 확인(market identification) 98
실행계획서(action plan) 19, 25, 26
업무(business) 9
업무계획 53, 54
업무시스템분석 107
연간 업무계획(annual business plan) 53
연속체(continuum) 15, 28
영구기록(archives) 109

ㅇ~ㅈ

운영(operation) 72
운영관리(operational management) 37
유효성(effectiveness) 10
이해당사자(stakeholder) 41
임무(mandate) 40
전략(strategy) 37, 84
전략계획(strategic planning) 38, 50, 51, 68, 120
전략계획서(strategic plan) 40, 49
전략적 관리(strategic management) 37
전략적 이슈 47
전략적 자산 105
전략적 프로그램 48
전술(tactics) 37, 84, 85
전자기록 106
정보 105
정보관리(information management, IM) 105~108
정보기술(information technology, IT) 105~108
정책(policy) 37, 84, 85
정책결정(policy making) 83, 86
정책과정(policy Process) 83
조정위원회(steering committee) 64
조직 30
조직문화 90
종합적 품질경영(total quality management) 42
준비(preparation) 76
증명(verification) 77

ㅈ~ㅎ

집행(implementation) 72, 77
착수(initiation) 68
처리 103
처리과정(process) 9
커뮤니케이션 90, 102
타깃(target) 23
통제 31
투입(input) 10
평가(evaluation) 74, 76, 121
품질코디네이터 65
프로젝트 계획 120
프로젝트 관리자(project Manager) 64
프로젝트 기획 61
프로젝트 보조직원(project support staff) 66
프로젝트 팀(project teams) 65
프로젝트(project) 61, 68
프로젝트계획서 27
프리젠테이션 92, 93
환경스캐닝(environment scanning) 98
활동(action) 24
효율성(efficiency) 10

『기록관리의 전략계획』

책임 집필

마이클 로퍼(Michael Roper)

마이클 로퍼는 기록관리기관의 관리 면에서 폭 넓은 경험을 했다. 그는 영국의 공공기록보존소(Public Records Office)에서 33년 동안 근무한 후 Keeper of Public Records를 마지막으로 1992년에 은퇴했다. 그는 또 University College London과 캐나다에 있는 University of British Columbia의 아카이브스 과정에서 가르쳤다. 그는 1988년부터 1992년까지 International Council on Archives의 사무총장(Secretary General)을 역임했으며, 1996년부터는 영연방 아키비스트 및 기록관리자협회(Association of Commonwealth Arvhivists and Records Managers, ACARM)의 명예사무총장(Honorary Secretary)이다. 그는 많은 국가에서 컨설턴트의 임무를 수행하고 훈련 프로그램을 실시하는데 참여하고 있으며, 기록관리 전반에 관한 광범위한 저술을 하고 있다.

토니 윌리엄스(Tony Williams)

토니 윌리엄스는 Home Office의 고위관리자이며, 1992년부터 IRMT의 컨설턴트로 일하고 있다. 두 기관에서 그가 맡은 업무는 주로 변동 프로젝트에 관한 것으로, 특히 그러한 변동이 서로 다른 환경과 문화 속에서 어떻게 집행되고 유지되는가에 중점을 두고 있다. 그는 특히 직원개발, 훈련과 동기부여, 관리기법 및 프로젝트관리 전문가이다. 그는 또 변동관리에 관한 많은 논문을 단독으로 또는 공동으로 저술했다. 그는 IRMT에서 가나, 우간다, 탄자니아, 짐비브웨, 말타 등 해외 사업에 관여하고 있으며, 그 국가들의 업무개선프로그램 관리팀과 함께 일하고 있다.

집필
Keith Bastin
Victoria Lemieux
Neil McCallum
Laura Millar
Laura Simmermon

감수
Jay Atherton, 전 캐나다 국립기록보존소
Angelina Kamba, Public Service Commission, 전 짐바브웨 국립기록보존소장
Micael Swift, 전 캐나다 국립기록보존소

검증기관
바하마(Bahamas), 영구기록부(Department of Archives)

기록관리의 전략계획

옮긴이　서 혜 란
감　수　한국국가기록연구원
펴낸이　조 영 재
펴낸곳　도서출판 진리탐구

초판 1쇄　인쇄 2004년 2월 25일
초판 1쇄　발행 2004년 2월 28일

주소　서울시 마포구 용강동 494-53 (121-876)
전화번호　02) 703-6943, 4
전송번호　02) 701-9352

출판등록일　1993년 11월 17일
출판등록번호　제 10-898호

ISBN　89-8485-086-1

※ 잘못된 책은 바꿔드립니다. 가격은 표지에 있습니다.

한국국가기록연구원이 ICA와 협력하여 국제기록관리 IRMT가 개발한 교재를
한국국가기록연구원이 번역한 것입니다. 따라서 한국어판 저작권은
한국국가기록연구원이 소유하며 출판권은 도서출판 진리탐구에 있습니다.
이 책에 있는 어떤 내용도 허락없이 사용하거나 복사배포하는 것을 절대 금합니다.
(모든 저작권은 보호받습니다.)